黑龙江省社会科学学术著作出版资助项目

HEILONGJIANG SHENG SHEHUI KEXUE
XUESHU ZHUZUO
CHUBAN ZIZHU XIANGMU

林业应对气候变化政策机制综合评价研究
——以黑龙江省国有重点林区为例

LINYE YINGDUI QIHOU BIANHUA ZHENGCE HUA ZHENGCE
JIZHI ZONGHE PINGJIA YANJIU
——YI ZONGHE PINGJIA YANJIU
YI HEILONGJIANG SHENG GUOYOU ZHONGDIAN LINQU WEI LI
YI HEILONGJIANG SHENG GUOYOU ZHONGDIAN LINQU WEI LI

齐 闯◎著

黑龙江大学出版社
HEILONGJIANG UNIVERSITY PRESS

图书在版编目(CIP)数据

林业应对气候变化政策机制综合评价研究：以黑龙
江省国有重点林区为例／齐闯著. -- 哈尔滨：黑龙江
大学出版社, 2015.11

ISBN 978 - 7 - 81129 - 961 - 8

Ⅰ. ①林… Ⅱ. ①齐… Ⅲ. ①国有林 - 林区 - 关系 -
气候变化 - 研究 - 黑龙江省 Ⅳ. ①F326.273.5②P467

中国版本图书馆 CIP 数据核字(2015)第 255632 号

林业应对气候变化政策机制综合评价研究——以黑龙江省国有重点林区为例
LINYE YINGDUI QIHOU BIANHUA ZHENGCE JIZHI ZONGHE PINGJIA YANJIU——YI HEILONGJIANG
SHENG GUOYOU ZHONGDIAN LINQU WEI LI

齐 闯 著

责任编辑	刘 岩	
出版发行	黑龙江大学出版社	
地　　址	哈尔滨市南岗区学府路74号	
印　　刷	哈尔滨市石桥印务有限公司	
开　　本	720×1000　1/16	
印　　张	13	
字　　数	186 千	
版　　次	2015 年 11 月第 1 版	
印　　次	2015 年 11 月第 1 次印刷	
书　　号	ISBN 978 - 7 - 81129 - 961 - 8	
定　　价	38.00 元	

本书如有印装错误请与本社联系更换。

前　言

　　气候变化问题是当今国际社会的热点和焦点问题,也是事关我国经济社会可持续发展的重大问题。林业在应对全球气候变化领域占有重要地位。充分发挥林业在应对气候变化方面的重要作用,有赖于政策机制的不断调整、完善和重大创新。在今天林业应对气候变化政策机制大量出台和实施的背景下,非常有必要基于科学的理论,利用可行的技术和手段,对林业应对气候变化政策机制进行系统、科学的综合评价,为完善与优化相关政策机制、更好地发挥林业在应对气候变化领域的作用提供决策依据。这也是当前开展我国林业应对全球气候变化政策机制研究的一个重要课题。

　　本书从普遍意义上(而不是从清洁发展机制下林业碳汇项目的角度)理解林业在应对气候变化领域的作用,将我国林业发展的各项现行政策机制当中与林业应对气候变化相关的内容作为评价对象,以系统科学理论的独特视角,对林业应对气候变化诸政策机制的综合效率及相互间的协调状况进行综合评价研究。首先,以系统科学为方法论指导,将应对气候变化相关的各种林业活动视为一个复合系统,研究该林业应对气候变化复合系统的功能、结构、耦合机理和系统特征。其次,以此为据将我国林业发展的各项现行政策机制当中与林业应对气候变化相关的内容进行梳理、整合,构建出林业应对气候变化的政策机制体系。最后,以系统科学的视角将该政策机制体系视为一个动态开放的政策机制复合巨系统。运用系统分析的方法,围绕林业应对气候变化政策机制复合巨系统的目标,建立综合评价指标体系、构建综合评价模型,对林业应对气候变化政策机制进行全面、系统、动态的综合测度与评价,为林业应对气候变化相关政策机制的调整与完善提供科学的决策依据。

本书的主要贡献在于提出应对气候变化背景下的各种林业活动构成了一个复合系统,该复合系统同时又是一个典型的耗散系统,存在着熵值增加的自发趋势。在其变化的混沌进程中,设计合理的系统功能结构(运行机制)和有效的管理模式(动力机制、约束机制),对系统进行内外部关系协调管理,增强负熵的持续流入,抵消正熵的产生,可以使系统始终处于有序的耗散结构状态,实现该系统诸要素的耦合和协同、不断进化,充分发挥出林业在气候变化领域的作用。

林业应对气候变化的政策机制体系由运行机制、动力机制和约束机制构成。其中,碳增汇、碳贮存和碳替代是当前林业应对气候变化的主要运行机制,并且这三大运行机制并非相互独立,而是相互影响、相互促进、相互制约,耦合成一个动态、开放的正反馈复合系统,实现林业减排增汇、应对气候变化的功能。因此,应对气候变化的林业政策机制体系又可以视为一个以动力约束机制为输入变量、以运行机制的运行结果为输出变量,由碳增汇政策机制子系统、碳贮存政策机制子系统和碳替代政策机制子系统相互耦合协同而成的林业应对气候变化政策机制复合系统。充分发挥该复合系统的减排增汇功能,使其对气候变化产生充分有效反应的关键在于准确把握碳增汇政策机制子系统、碳贮存政策机制子系统和碳替代政策机制子系统这三大政策机制子系统间的作用关系,并在此基础上通过各种动力机制和约束机制不断对这三大政策机制子系统耦合成的林业应对气候变化政策机制复合系统输入负熵流,促使其走向耦合、协同共生,表现出协同进化的发展趋势,使系统始终处于一种有序的耗散结构状态,最优地实现其应对气候变化的系统功能。

构建由 4 个层次(目标层、模块层、准则层、指标层)、3 大模块(碳增汇模块、碳贮存模块、碳替代模块)、12 个准则、19 个输入指标和 21 个输出指标组成的中国林业应对气候变化政策机制综合评价指标体系,以及基于 CCR – DEA 和 BCC – DEA 及超效率 CCR – DEA 方法的林业应对气候变化政策机制综合效率指数模型、基于变异系数法的林业应对气候变化政策机制协调度与协调水平度模型和基于灰色 $GM(1, N)$ 方法的林业应对气候变化政策机制动态协调发展模型,可以对由碳增汇政策机制子系统、碳贮存政策机制子系统、碳替代政策机制子系统耦合而成的我国林业应对气候变化政策机制复合系统的综合效率水平、协调状态,以及协调影响因子的作用方向与程度进行较为全面、系统、科学的测度与评价,为林业应对气候变化政策机制的调整与优化提供决策依据。

本书选取黑龙江省国有重点林区作为实证案例分析对象,运用构建的综合评价指标体系和综合评价模型对其林业应对气候变化的政策机制进行综合评价。笔者认为如果对我国林业应对气候变化政策机制进行调整与完善,则应以运行机制、动力机制、约束机制的调整与完善为出发点和落脚点,进一步挖掘林业在碳增汇、碳贮存、碳替代方面的潜力,在此基础上不断系统地完善与优化动力约束政策机制,更好地实现林业减排增汇、应对气候变化的目标。

本书是本人承担的黑龙江省教育厅人文社会科学研究项目"林业应对气候变化政策机制综合评价研究——以黑龙江省国有重点林区为例"(项目编号 12542194)的研究成果的一部分。

目录

绪　　论

一、研究背景、目的和意义

(一)选题背景

气候变化(climatic change)是指气候平均状态随时间的变化,即气候平均状态和离差两者中的一个或两个一起出现了统计意义上的显著变化。离差值越大,表明气候变化的幅度越大,气候状态越不稳定。其成因可概括为自然的气候波动和人为因素两大类。气候变化一词在联合国政府间气候变化专门委员会(IPCC)的使用中,是指气候随时间的任何变化,无论其原因是自然变率,还是人类活动的结果。这有别于《联合国气候变化框架公约》(UNFCCC)中的用法。《联合国气候变化框架公约》第一条中,将"气候变化"定义为:"经过相当一段时间的观察,在自然气候变化之外由人类活动直接或间接地改变全球大气组成所导致的气候改变。"UNFCCC因此将"气候变化"与"气候变率"区分开来,前者主要归因于人类活动导致大气组成的改变,而后者主要归因于自然原因。[1]本书及应对气候变化背景下所谈及的气候变化是《联合国气候变化框架公约》第一条中所定义的气候变化。

应对气候变化的国际行动主要包括科学报告与政策行动两个方面。[2]科学报告是指联合国政府间气候变化专门委员会评估报告。1988年联合国环境规划署和世界气象组织共同组建成立了IPCC。IPCC评估报告的主要任务是对气候变化科学知识的现状,气候变化对社会、经济的潜在影响,以及适应和减缓气候变化的可能对策进行评估,在全球范围内为决策层以及科研等领域提供科学依据和数据等。IPCC 的报告力求确保全面地反映现有各种观点,并使之具有政策相关性,但不具有政策指示性。截至目前,IPCC 已经发布了 5 次评估报告。每一次评估报告的出台都有力地推动气候谈判进程积极向前发展,分别推动了《联合国气候变化框架公约》的制定、《京都议定书》的签署、《马拉喀什协议》的形成,以及《巴厘路线图》的确立[3]。IPCC 评估报告已成为国际社会认识和了解气候变化问题的主要科学依据,是气候变化问题最具权威性和影响力的科学报告。政策行动是指从 1992 年制定的《联合国气候变化框架公约》,到 1997 年签署的《京都议定书》,再到 2007 年形成的《巴厘路线图》,以及 2009 年底达成的不具法律约束力的《哥本哈根协议》这 4 份重要的政策协议,也就是气候变化国际谈判的 4 个非常重要的发展阶段。[3]2011 年 12 月,德班世界气候大会谈判决定,实施《京都议定书》第二承诺期并启动绿色气候基金。

导致气候变化的原因可概括为自然的气候波动和人为因素两大类。2001 年 IPCC 第 3 次评估报告第一次提出,可能是人类活动排放的温室气体浓度增加引起了最近 50 年观测到的大部分增暖。因为通过数值模拟方法发现:如果不加入人类活动的影响,就不能真实地模拟出最近 50 年观测的温度变化;加上人类活动的影响,则可以再现近 50 年的温度变化。2007 年 IPCC 第 4 次评估报告中,对于人类活动影响全球气候变化这一因果关系判断的可信度由原来的 60% 提高到 90%。人类活动主要通过以下三方面引起气候变化:一是化石燃料燃烧排放二氧化碳(CO_2)等温室气体,增加大气中温室气体的浓度,温室效应随之增强而影响到气候,这是人类活动造成气候变暖的主要方面;二是农业和工业活动排放的甲烷(CH_4)、CO_2、氧化亚氮(N_2O)、全氟化碳(PFC)、氢氟碳化物(HFC)、六氟化硫(SF_6)等温室气体进入大气后,也通过温室效应增强气候变暖;三是土地利用变化导致的温室气体源汇变化和地表反照率变化进一步影响气候变化,这包括森林砍伐、城市化、植被改变和破坏等。另外,环境污染中排放的气溶胶,尤其是硫化物与黑碳气溶胶等也可引起气候变化。[4]

在 CH_4、CO_2、N_2O、PFC、HFC、SF_6 这六种人类活动所产生的温室气体

中,对气候变化影响最大的是CO_2[5]。CO_2的生命期很长,一旦排放到大气中,最长可生存200年时间,因而最受关注(见表0-1、表0-2)。

表0-1 主要温室气体及其特征

气体	大气中浓度/10^{-6}	年增长/%	生命期/年	温室效应($CO_2 = 1$)	现有贡献率/%	主要来源
CO_2	355	0.4	50—200	1	55	煤、石油、天然气、森林砍伐
CFC	0.00085	2.2	50—102	3400—15000	24	发泡剂、气溶胶、制冷剂、清洗剂
CH_4	1.714	0.8	12—17	11	15	湿地、稻田、化石燃料、牲畜
NO_x	0.31	0.25	120	270	6	化石燃料、化肥、森林砍伐

数据来源:全球环境基金(GEF),1998

表0-2 温室气体种类和特征

气体	增温效应/%	生命期/年	100年全球增温潜势(GWP)
CO_2	63%	50—200	1
CH_4	15%	12—17	23
N_2O	4%	120	296
HFC	11%	13	1200
PFC		50000	—
SF_6及其他	7%	3200	22200

数据来源:国家林业局碳汇管理办公室,2007

据美国橡树岭国家实验室研究报告,自1750年以来,全球累计排放了1万多亿吨CO_2,其中发达国家排放的约占80%。IPCC评估报告也指出:"1860年到1990年《公约》附件一国家(发达国家)的CO_2累计排放量占全球的78%,其1990年的人均CO_2排放量为3.25吨(以碳计算,下同),而非附件一国家(发展中国家)同年的人均排放量仅为0.48吨。"可见,日益严重的全球气候变化问题是自工业革命以来发达国家不可持续的发展道路及其当今仍不可持续的生产和生活模式导致的。根据我国《气候变化国家评估报告》，我国2000年化石燃料燃烧产生的CO_2排放量估计为8.7亿吨，约占世界的13%，人均CO_2排放量仅为0.65吨，仅相当于世界平均水平的61%。[6]从1990年到2000年，我国单位GDP的CO_2排放强度持续下降了45%，这主要归功于我国采取了大力推进节能减排、促进能源结构调整、积极调整产业结构、推进技术进步等一系列减排措施。[7]尽管统计数据显示，目前中国人均CO_2排放量仅居世界第85位，但中国CO_2排放总量已仅次于美国，居世界第2位（见表0-3、表0-4）。我国仍然是发展中国家，在未来应对气候变化问题上将面临更为严峻的挑战：一方面我国极易受到气候变化的不利影响；另一方面发展经济、改善人民生活仍是今后长时期内的首要任务，而气候变化问题将成为完成这个首要任务的一个硬约束。

气候变化的影响是全方位、多尺度、多层次的，正面和负面影响同时存在，负面影响更受关注。气候变化对全球许多地区的自然生态系统已经产生了影响，各种灾害性事件因之频发。比如：冰川消融，海平面上升，极端气候，物种灭绝，粮食减产，农业病和虫、草害的发生区域扩大、危害时间延长，森林和草原生产率发生变化、火灾和虫灾加重。气候变化对经济、社会的影响也以负面为主，它能够对经济增长和社会发展产生严重影响。[4]对气候变化最为敏感的部门之一是农业。农业生产将因气候变化而产量波动加大、不稳定性增加；农业生产部门布局和结构将出现变动；农业成本和投资也将因农业生产条件改变而大幅度增加。地表径流、一些地区的水质、旱涝灾害频率等也因气候变化而发生变化，水资源供需矛盾将更为突出。因高温多雨，人类目前所面临的能源短缺、交通、垃圾处理以及环境问题也可能加剧。对气候变化敏感的传染性疾病的传播范围可能扩大；与高温天气有关的疾病和死亡率将会增加。气候变化将影响人类居住环境，尤其是在江河流域和低海拔的地区，最直接的威胁是洪涝和山体滑坡。

表 0 - 3　人均 CO_2 排放量	
国别	人均 CO_2 排放量/吨 （1998 年）
卡塔尔	80.9
阿联酋	37.5
巴林	31.5
科威特	27.2
美国	19.9
澳大利亚	17.9
特立尼达 和多巴哥	17.5
加拿大	15.3
沙特阿拉伯	14.1
爱沙尼亚	11.9
捷克	11.5
荷兰	10.5
爱尔兰	10.4
芬兰	10.3
德国	10.1
伊朗	10.1
丹麦	10.1
比利时	10.0
俄罗斯	9.8
印度尼西亚	9.2

数据来源：中国气候变化信息网,2006

表 0 - 4　 CO_2 排放量占世界排放总量	
国别	CO_2 排放量占 世界排放总量/% （1998 年）
美国	22.5
中国	12.8
俄罗斯	5.9
日本	4.7
印度	4.4
德国	3.4
英国	2.2
加拿大	1.9
意大利	1.7
阿曼	1.5
朝鲜	1.5
法国	1.5
墨西哥	1.5
澳大利亚	1.4
南非	1.4
波兰	1.3
沙特阿拉伯	1.2
伊朗	1.2
西班牙	1.0
印度尼西亚	1.0

数据来源：中国气候变化信息网,2006

人类与生态环境系统之间业已建立起来的相互适应关系由于气候系统的深刻变化而受到显著影响和扰动,气候变化问题因而得到各国政府与公众的极大关注。随着对全球气候变化问题认识的不断深入,气候变化问题已超出了环境或气候领域,全球气候谈判涉及的是能源利用、工农业生产等国民经济和社会发展的基础产业的发展模式问题,事关国家的重大经济利益。《联合国气候变化框架公约》和《京都议定书》奠定了应对气候变化的国际合作的法律基础,凝聚了国际社会的共识,是目前最具权威性、普遍性、全面性的应对气候变化的国际框架。《联合国气候变化框架公约》于1994年正式生效,但未能就温室气体减排问题做出具体规定。为了实现《联合国气候变化框架公约》目标,截至目前,《联合国气候变化框架公约》共召开了20次缔约方大会,拥有近200个缔约方,其中有4次大会取得了突破性进展[8]:一是1997年在日本京都召开的《联合国气候变化框架公约》第3次缔约方大会,各国经过艰苦谈判,通过了旨在限制发达国家温室气体排放量以抑制全球变暖的《京都议定书》。《京都议定书》规定了6种受控温室气体,首次以法律形式规定发达国家(附件一国家,包括主要工业化国家和经济转轨国家)在第一承诺期(2008—2012年)的量化减排目标(所有发达国家 CO_2 等6种温室气体的排放量要比1990年减少5.2%),发展中国家温室气体的排放尚不受限制。为了帮助发达国家实现减排目标,在促进发达国家直接减排为主的基础上,《京都议定书》还规定了3种机制:排放贸易(ET)、联合履约(JI)和清洁发展机制(CDM)。二是2001年7月,《联合国气候变化框架公约》第6次缔约方延长大会在德国波恩举行,会议上达成了《波恩政治协议》,并同意将造林、再造林作为第一个承诺期合格的清洁发展机制项目类型,为国际社会共同减排温室气体提供了一种行之有效的手段。清洁发展机制是发达国家和发展中国家之间有关温室气体减排的一种合作机制,即允许发达国家出资支持无减排义务的国家通过工业技术改造、造林等活动降低温室气体排放量,并抵顶发达国家的减排指标,这也是《京都议定书》中唯一一种涉及发展中国家的机制。其中,造林和再造林项目是第一承诺期中唯一有资格作为清洁发展机制的土地利用、土地利用变化和森林

(LULUCF)项目。三是2001年11月在摩洛哥的马拉喀什召开的《联合国气候变化框架公约》第7次缔约方大会上,通过了有关《京都议定书》履约问题(尤其是CDM)的一揽子高级别政治决定,形成《马拉喀什协议》。该协议为《京都议定书》附件一缔约方批准《京都议定书》并使其生效铺平了道路。四是2007年12月在印度尼西亚巴厘岛举行的《联合国气候变化框架公约》第13次缔约方大会,会议着重讨论2012年《京都议定书》第一承诺期到期后如何进一步降低温室气体的排放。大会通过了《巴厘路线图》,启动了加强《联合国气候变化框架公约》和《京都议定书》全面实施的谈判进程。2011年12月,在南非东部港口城市德班举行的第17次缔约方大会谈判决定实施《京都议定书》第二承诺期,并启动绿色气候基金。

综合来看,减缓和适应气候变化是应对气候变化的两个有机组成部分。[9]减缓主要是减少温室气体排放和增加温室气体吸收(增汇),以降低大气中温室气体浓度;适应主要是采取各种措施,采用各种先进技术,减少气候变化对自然生态系统和人类的不利影响。目前各国应对气候变化的具体减缓和适应措施主要包括科学技术手段和政策手段两个方面。关于减排,《京都议定书》明确了两种减排途径:一种是直接减排(又称工业直接减排),即减少温室气体排放源,主要是通过技术改造减少能耗、提高能效等手段来实现;一种是间接减排,即增加温室气体吸收,也叫增汇,主要是通过森林等植物的生物性特征,即光合作用吸收CO_2、释放O_2,把大气中的CO_2固定到植物体和土壤中来实现(即通过森林碳汇间接减排)。[10]工业减排成本高、难度大,必然会压缩能源消费及经济发展的大气环境容量空间,进一步减缓碳排放,将会大幅度增加成本,对经济和社会全面、协调和可持续发展带来较大的负面影响;相比而言,利用森林碳汇间接减排具有成本较低、可持续、可循环、可再生等特点,能够为经济发展、生态改善和社会进步带来多种效益,是目前应对气候变化最经济、最现实的手段,也是国际社会公认的有效途径。

（二）问题提出

气候变化问题已不仅仅是科学问题、环境问题，而且是目前国际政治、经济、法律、外交和环境领域的一个热点和焦点问题，是事关国家的生态环境安全、经济安全和能源安全等非传统安全的问题，是事关国家的经济发展空间、发展途径和经济竞争力的问题，是事关国家相关科学技术的进步与发展的问题，是事关国家生产与生活方式改变的问题，是国家在谋求可持续发展进程中必须高度重视的问题。减排增汇是国际社会公认的应对气候变化的重要手段。通过发展碳汇林业减排增汇，具有投资少、综合效益大等优点，是赢得国家碳排放空间和发展时间、抢占经济竞争优势的巨大潜力所在。[11]在国际社会为应对全球气候变化而采取的一系列减排增汇行动中，林业的作用得到了充分的重视——土地利用、土地利用变化和森林有关活动作为实现减排增汇目标的重要途径被列入《京都议定书》中。[3]2007年，《中国应对气候变化国家方案》由国务院颁布实施，林业被纳入我国减缓和适应气候变化的重点领域。2009年9月，胡锦涛主席在联合国气候变化峰会上向全世界庄严承诺：中国要大力增加森林资源，增加森林碳汇，争取到2020年我国森林面积比2005年增加4000万公顷，森林蓄积量比2005年增加13亿立方米。2009年11月，国家林业局发布《应对气候变化林业行动计划》。2011年国家林业局出台的《林业发展"十二五"规划》指出：在贯彻可持续发展战略中林业具有重要地位，在生态建设中林业具有首要地位，在西部大开发中林业具有基础地位，在应对气候变化中林业具有特殊地位。可见，林业在我国应对全球气候变化领域占有重要地位。[12]

充分发挥林业在应对气候变化方面的重要作用，大力发展碳汇林业，有赖于政策和机制的重大创新与不断调整完善。当今世界许多国家（如：英国、美国、加拿大、日本、德国、印度、俄罗斯、澳大利亚、瑞士等）都制定了相关的林业应对气候变化的行动计划和政策机制。在我国，政府决策部门和许多学者在普遍意义上理解林业在应对气候变化中的作用，将我国森林资源发展的各项现行政策机制作为林业应对气候变化政策机制设计的基础，在此基础上不断予以补充和完善。[12]这些政策机制已基本全面覆盖了从种苗、造林、封山育林、森林抚育,到森林管护、森林采伐管理,以及林业产业发展的全部林业过程,积极应对气候变化的相关林业政策机制体系已基本形成。

林业应对气候变化政策机制的作用在于通过其实施充分发挥出林业减排增汇、应对气候变化的作用,最优化地实现林业应对气候变化政策机制的目标。主要体现在:①激励导向性作用,即林业应对气候变化政策机制有明确的目标取向,引导并激励林业和森林经营主体的行为向着政策制定者所希望的方向发展。比如:为了实现林业肩负的生态保护使命,国家实施了"林业六大工程",并给予极大的政策支持和经济扶持。②约束性作用,即为了达到林业应对气候变化政策机制目标,制约或制止政策制定者所不希望发生的行为。比如:国家为了控制森林资源的过度消耗,通过规定采伐限额的方式来制约森林经营者的采伐行为和采伐数量。而林业应对气候变化政策机制激励导向性作用和约束性作用的发挥又依赖于政策机制系统的有效运行,即:整个政策机制系统各环节、各组成部分运行是否协调、顺畅会直接影响到政策机制作用的发挥及其功效。

实践反复证明,政策失误是最大的失误。政策机制投入运行后,相互间的协调性如何,实际效果如何,是否达到预期政策目标?如果没有科学的政策机制评价,就很难确知。科学评价政策机制,可以有效检测政策机制效果,可以为下一步政策走向提供依据,为科学决策奠定基础,实现政策机制优化,进一步促进合理配置资源。

在今天林业应对气候变化政策机制大量出台和实施的情况下,非常有必要基于科学的理论,利用可行的技术和手段,对林业应对气候变化各项政策机制进行系统、科学的综合评价。这也是当前开展我国林业应对全球气候变化政策机制研究的一个重要课题。通过文献查阅发现,目前国内外将林业应对气候变化各项政策机制综合起来、视为一个系统,进行系统的综合评价研究的相关成果几乎没有。本书从系统科学的角度出发,构建出对林业应对气候变化诸政策机制进行综合评价研究的科学评价体系,用以对我国林业应对气候变化政策机制体系进行系统、科学的综合评价，为政策机制的调整与完善提供决策依据。

（三）研究目的

林业的多产业性、多目标并存性、资源约束性及生产资源的地域组合性特点决定了林业应对气候变化政策机制系统是一个复杂的开放的巨系统，其构成要素众多，相互间的作用关系也十分复杂。厘清这个复杂巨系统的结构及其构成要素之间的相互作用关系，对这个复杂巨系统运行的整体效果、协调状态及协调影响因子进行定量的科学评价成为本书的初衷和落脚点。本书的具体目的是：①以系统科学的视角，厘清林业应对气候变化的作用机理和系统特征；②在此基础上，对当前零散分布的、与我国林业应对气候变化有关的各项政策和机制进行梳理，明确整个林业应对气候变化政策机制复杂巨系统的功能结构（运行机制）及其动力机制、约束机制，构建出较为完整的林业应对气候变化的政策机制体系；③以系统科学为方法论指导，设计林业应对气候变化政策机制综合评价指标体系和评价模型，对林业应对气候变化政策机制复杂巨系统的整体运行效果、协调状态及其协调影响因子进行定量综合评价研究，为相关政策机制的调整与优化提供决策借鉴。

（四）研究意义

当前，开展我国林业应对全球气候变化政策机制综合评价研究具有十分重要的理论意义和实践意义。

1.理论意义

运用系统科学的分析方法对林业应对气候变化的系统特征、耦合机制以及协调运行机理进行定性的系统分析，进而提出研究的理论假设。系统地构建出由运行机制、动力机制和约束机制构成的林业应对气候变化政策机制体系。根据碳增汇、碳贮存、碳替代三大运行机制间存在的正反馈作用机制，将林业应对气候变化政策机制体系视为由碳增汇政策机制子系统、碳贮存政策机制子系统和碳替代政策机制子系统相互耦合而成的政策机制复合巨系统，动力机制和约束机制为该复合巨系统的输入，而运行机制的运行结果为该复合巨系统的输出。在此基础上,构建出林业应对气候变化政策机制综合评价指标体系;通过对多指标综合评价法中的相关评价方法进行选择,构建出基于 CCR - DEA、BCC - DEA 以及超效率 CCR - DEA 方法的林业应对气候变化政策机制综合效率指数模型,基于变异系数法的林业应对气候变化政策机制协调度与协调水平度模型以及基于灰色 $GM(1,N)$ 方法的林业应对气候变化政策机制动态协调发展模型,用以对林业应对气候变化政策机制复合系统的运行效果、协调状态、协调影响因子的作用方向与作用程度进行系统、科学的全面综合评价。并以黑龙江省国有重点林区为例进行实证研究,将理论研究与实证相结合,这是林业应对气候变化政策机制综合评价研究的具体尝试,具有理论示范价值。本书对我国林业经济理论研究内容及研究体系的进一步补充和完善具有一定的参考价值。

2. 实践意义

通过本书,可以厘清林业应对气候变化政策机制体系的内容构成(运行机制、动力机制、约束机制),并在此基础上对林业应对气候变化政策机制复合系统整体及其各子系统的运行效率进行静态和动态的综合评价,进而评价林业应对气候变化政策机制复合系统的协调状态与水平,及协调影响因子的作用方向与作用程度。因此,通过本书可以掌握林业应对气候变化政策机制复合系统运行的全貌,针对性地对相关政策机制进行改进与优化,更加合理地配置资源,促进林业减排增汇,促进林业应对气候变化系统的协调与可持续发展,进而更好地履行林业应对气候变化这一使命,这具有较大的实践意义。

二、国内外研究现状综述

对国内外研究现状进行综述,目的在于梳理与分析国内外学者关注林业应对气候变化政策机制的研究历程及研究进展情况,以期获取有价值的研究基点和可借鉴的经验。

本书的国内研究综述部分通过"中国知网"(CNKI)系列数据库(期刊、博硕士论文、会议、报纸)的查阅来总结学者对林业应对气候变化政策机制的研究现状。国外研究综述部分通过 Springer Link 数据库和 Emerald 数据库的查阅来总结学者对林业应对气候变化政策机制的研究现状。2013 年初通过输入主题词(题目、关键词、摘要),对数据库中能查到的所有年限范围进行了检索,结果如表 0 - 5 所示。

表 0 - 5　国内外文献检索情况汇总表

数据库		检索词							
		气候变化	气候变化 * 政策	政策机制	气候变化 * 政策机制	气候变化 * 林业	林业政策	林业政策 * 气候变化	林业 * 气候变化 * 政策机制
中文数据库(CNKI)	期刊	25604	84	348	3	74	942	4	0
	博硕士论文	1566	7	23	0	2	64	1	0
	会议	2121	1	27	2	9	27	0	0
	报纸	15622	0	419	5	3	499	8	0
外文数据库		climate change	climate change * policy	policy mecha- nism	climate change * policy mechanism	climate change * forestry	forestry policy	climate change * forestry policy	forestry * climate change * policy mechanism
	Springer Link	5223	57	5	0	14	7	1	0
	Emerald	17948	10862	14738	11974	540	1370	452	0

通过表 0 - 5 可以对国内外研究现状有一个基本的宏观把握:气候变化

问题现在已经成为国内外共同的研究焦点和热点。对于气候变化相关政策,国内外均已开展了一些研究并取得了一些成果,并且国外的研究热度要明显高于国内。有关林业政策问题的研究,国内外均已取得一些研究成果,并且在这方面国内的研究热度要高于国外。而将林业、林业政策和气候变化问题相结合,国内外的相关研究成果总体来看还比较少,并且国内学界明显少于国外,研究成果大多以小篇幅论文为主,相关的博硕士学位论文篇数极少。在从政策机制视角对气候变化问题展开研究方面,国内外均已取得了一些研究成果,且国外的相关成果明显多于国内。但是,针对林业应对气候变化相关政策机制问题的研究尚属空白,而国内外已取得的一些相关研究成果则可以为开展这方面的研究提供借鉴参考。因此,本书考虑从系统科学的视角出发,对当前我国林业应对气候变化的政策机制进行系统梳理、整合,在此基础上构建出一套对我国林业应对气候变化政策机制进行综合评价研究的科学评价体系,用以对我国林业应对气候变化政策机制体系进行系统、科学的综合评价,为政策机制的调整与完善提供决策依据。

有关国内外研究的具体现状,综述如下:

(一)国外研究现状综述

1.国外林业应对气候变化政策机制研究现状

鉴于林业已成为国际社会广泛关注的应对气候变化的热点问题,林业应对气候变化的行动计划和政策机制在许多国家被陆续制定出台。

林业减缓和适应气候变化成为英国林业战略的重要组成部分。英国林业委员会于2008年相继出台了《森林和气候变化指南——咨询草案》和《可再生能源战略草案》。《咨询草案》明确了林业应对气候变化的6个关键行动计划——保护现有森林,减少毁林,恢复森林植被,利用木质能源,用木材替代其他建筑材料,以及制定适应气候变化的计划;《可再生能源战略草案》则提出,对于在2020年前实现可再生能源发展目标,生物能源具有33%的潜力,其中木质燃料是生物能源的一个很重要的方面。[13]美国通过林业碳计划和林业应对气候变化战略框架与措施积极促进林业应对气候变化。其中,林业碳计划有两种模式:一是对于特定活动导致的碳排放,可以通过出售碳信用予以补偿;二是出售造林项目的碳汇,并且为了激励个人和组织开展植树造林活动,着手制定了为林业减缓气候变化的行动提供担保的行动框架。在林业应对气候变化的战略框架中,提出了优先发展领域。在关于森林的国家政策中,美国应对气候变化技术项目(CCTP)提出了"造林、护林以帮助改善人居环境"的目标。在适应气候变化方面,美国林业的措施主要有:加强森林和草原管理,以促进生态系统健康发展,增强适应气候变化的能力;恢复生态系统;调整种植方法;建立伙伴关系,加强森林碳补偿;通过森林碳汇交易市场进行碳补偿。[14]林业部门的改革和应对气候变化成为加拿大政府于2008年颁布的"新的森林发展战略"的重点关注对象。加拿大的"新的森林发展战略"认为:林业部门改革和应对气候变化相互影响,相互依赖。林业应对气候变化的具体措施包括减缓和适应两个方面。减缓方面:通过加强森林管理和促进使用林产品增加储碳量;通过减少森林砍伐,加强森林火灾、虫灾的防治等减少碳排放。适应方面:计划用5年时间,提供2500万美元,为全国11个以社区为基础的合伙企业提供资助,推进社区应对气候变化的信息共享和能力建设,帮助社区适应气候变化。[15]日本提出了"防止地球变暖的森林碳汇10年对策"及今后的四个方向:①森林可持续经营;②保安林管理;③木材和生物质能源利用;④国民参与造林。[16]概括而言,日本防止气候变暖的森林政策主要是两个方面的内容:一是通过植树造林增加碳汇,二是通过推进森林健康、加强国土保安林的管理以及生物资源的合理利用来减少排放。印度的第一个关于气候变化的国家行动计划于2008年由政府批准,该行动计划确定了8个核心内容,强调森林可持续经营、以保护与开发并重的方式利用非木材林产品、退化林区的开发和恢复等内容。作为传统的世界原木出口大国,将木材加工业的赢利重点从原木出口转向木材深加工成为俄罗斯新出台的《森林工业基本发展纲要》的中心内容。为了限制原木出口,2008年俄罗斯政府提高了原木出口关税。为了通过造林和再造林活动更多地消除大气中的温室气体,澳大利亚提出建立森林碳市场机制。澳大利亚的森林碳市场机制主要在国家层面落实。此外,瑞士提出了"最大限度地挖掘木材的价值,逐步提高林主、企业主和公众对木材多种用途的认识"的新林业行动计划。法国也采取了包括木材生产与加工、重视自然保护区以及促进和开发森林的休闲功能等林业应对气候变化的新举措。[17]

伴随着林业应对气候变化的一系列行动计划的出台,相关国家都积极出台了相应的配套政策措施。由于森林的管理与经营一般具有正的经济外部性,森林资源及其提供的生态服务具有公共物品属性,所以无论是发达国家还是发展中国家,所制定的林业长期发展战略、目标和采取的各种有针对性的、符合本国国情的政策措施都有广泛的一致性,对促进林业减排增汇、应对气候变化起到了积极作用。[18]其共性具体表现在以下几个方面:

(1)把林业支出列入财政预算,向林业发放补贴和赠款。美国对国有林实行统收统支的财务制度,近年来经国会预算安排的林业支出每年大于收入约15亿美元。日本对国有林实行特别会计制度,由林业部门自用国有林的全部收入,出现赤字由国家预算补贴。虽然国有林在瑞典要承担纳税缴利义务,但瑞典政府明确规定国有林收入超出部分留归林务局自用,由国家预算补偿其政策性及自然灾害造成的亏损。为了鼓励在荒地上造林,智利政府通过财政拨款补助造林费用和抚育费用的75%。在巴西,为了对拥有20—300公顷的土地所有者的森林更新项目进行援助,巴西政府承诺偿还其20%的森林更新成本。[18]

(2)一方面通过提高各种补助标准、实行税收优惠、发放优惠贷款、建立林业基金等政策增加政府对林业的投入;另一方面把大量社会游资有效地导向林业,形成较为完善的林业投入机制。[19]

美国政府将对在私有林地上进行更新造林者的补助标准从49美元提高到222美元。日本在"农林金融公库"贷款中明确规定,提供给造林者的贷款年息为3.5%,还款从贷款后的20年开始,35年还清。瑞典向造林者提供低息贷款,年息为3%。英国对用于发展林业的资金所得减税50%。法国造林贷款年息为0.25%—1.5%,还款期为30—50年;在森林资产有偿和无偿转让时,如果承担继续良好经营的契约义务,可减免75%的财产转移税;对私人造林所用土地免征 30 年地产税。法国的林业财政政策主要体现在国家预算对林业生产所给予的扶助上。[20]菲律宾通过实施"国家造林规划"带动林业发展。从 1987 年到 2000 年,菲律宾营造人工林的投资总额达 318 亿比索,其中政府承担一部分,其余部分主要来自世界银行、亚洲开发银行、美国国际开发署、日本海外经济协力基金会(OECF)以及德国、新西兰和澳大利亚等国提供的贷款或资助。菲律宾政府还实施了"综合社会林业规划"促进林业减排增汇,1983 年菲律宾政府对该项规划的投资为 100 万比索,1990 年达到 3.27 亿比索。印度"一五"至"五五"计划期间用于林业的投资总额是 41 亿卢比,"六五"计划的林业投资额增加到 69.25 亿卢比,"七五"计划(1985—1990 年)进一步增加至 700 亿卢比。另外,国际资金对印度全国的近 20 个社会林业项目提供了援助,援助和贷款金额高达 33.8 亿美元。对于拥有 100 公顷土地以上的公司,巴西政府允许把其所得税的 50% 投在人工林建设上;并规定林业企业和个人可以向政府申请造林低息贷款,贷款年利率为 3%,期限为 6 年。智利政府规定,宜林地一律免交土地税,只征收 15% 的产品增值税。

(3)确立了林业分类经营的原则,并针对性地采取不同的财政政策,实现林业经营目标。日本、美国、法国、澳大利亚、巴西、泰国、印度和菲律宾等国家和地区都确立了林业分类经营的原则,按照这一原则,对公益林实行国家财政补贴政策,依靠林业与工业的结合来实现对商品林的扩大再生产,通过实行税收优惠政策和金融扶持政策对造林给予支持,并建立了不同形式的林业基金制度。只有个别国家和地区(如:德国和美国西北部地区),因具备实施经济、社会和生态效益一体化经营的条件,实行三大效益一体化的经营模式。

(4)林业配套法规比较健全。除了通过国家财政预算给林业拨款实现国家对林业的扶持,还通过法律、法规及配套的技术措施的制定和实施来调动林业经营者的积极性,规范、约束林业经营者的行为。芬兰在《森林改造法》中明确规定设立森林改造基金,森林改造基金由国家预算拨款,主要用于支持小林主进行森林改造等林业活动。澳大利亚为了鼓励发展人工林,制定出台了《针叶林协议条例》,对各州林业部门或林业委员会给予财政补贴和无偿资助。美国为造林者提供技术咨询、培训教育和有关信息;英国为林主造林提供技术咨询、业务指导;法国通过农业部森林司设立的"地区林产主中心"对私有林主进行技术指导。

2. 国外政策机制评价研究现状

关于政策评价的最新研究,国外方面主要涉及以下内容。在评价理论方面,美国的 Stelios H. Zanakis、Tomislav Mandakovic 等人和英国剑桥大学的 Sundeep Sahay 对项目评价、项目选择和资金分配等方面做了侧重研究,同时对度量无形价值的不同方法做了简单介绍。通过对来自 93 种国际期刊的有关政府部门与服务领域项目评价的 306 篇论文进行分析,他们发现现有的论文中将项目评价、项目选择和资金分配综合在一起的论文几乎没有,以前的研究中也没有人对此进行过系统分类。[21]挪威的 Hans Torvatn 采用连环推理法模型这一项目理论模型对现代化工业项目进行了三个案例研究。连环推理法模型由代表项目活动、预期目标、附加假设以及其间相互联系的文字和图像构成。他对连环推理法模型在不同环境中的应用进行了说明,并分析了该模型的优点和不足。[22]美国的 Salwa Ammar 和 Ronald Wright 主要研究模糊理论在政策评价中的应用。他们采用外业调查和其他形式的相关信息资料进行案例研究,认为政策评价的结果在很大程度上依赖于将各种专家的判断标准结合在一起的模型构造。[23]澳大利亚的 Patricia J. Rogers 和 Gary Hough 认为,由于一些评价方法基于许多未经检验的假设,尤其是关于机构运作的假设,并且这些关于机构运作的假设并没有充分描述机构的许多重要活动,因此它们都忽视了项目运作过程中的重要因素而未能有效实施。只有在评价的目标、方法和管理都反映现实机构运作时,评价才会有效果。[24]由于社会经济环境的差异,以上政策评价中涉及的模型或模型构造适用于通常的工业项目评价,不太适用于以生态效益为主的林业政策或项目评价。

在与林业有关的实证评价方面,德国的 Max Krott 对欧洲森林政策科学改革进行研究,认为林业政策在欧洲的综合研究和项目间的比较研究是现在面临的主要挑战,提出将欧洲潜在的研究人员凝聚起来,培育未来的林业政策科学这一学科。[25]奥地利的 Gerhard Weiss 开展了对奥地利自然保护政策的研究,在研究中重点讨论分析了作为经济工具的山地林建设补助、作为法律工具的保护林禁伐令和作为信息工具的山地林建设规划,在此基础上讨论分析了系统理论和政策分析两种政治控制方法的应用。结果表明:制度安排和执行者的利益与价值能把政策解释得更好;在实际应用中,相对于政策工具的正规特征,其非正式功能更重要;由于在实际应用中政策工具不是相互独立的,所以不能被单独使用;虽然政策工具模型在政策研究中有参考价值,但不能错误地将其当作标准化的解释。[26]意大利的有关学者认为山地森林可以为人类提供许多实用的功能和产品,对山地森林的多功能进行经济评价可以促使决策层关注其经营。由于森林经营方案是对不同功能选择平衡的结果,有可能使经营者受益,也可能使其受损,因此,对山地森林的多功能进行评价时要尽量采用不同的方法和技术,包括经济的、技术的、社会的等各种有效方法。[27]

(二)国内研究现状综述

1. 国内林业应对气候变化政策机制研究现状

在 1997 年《京都议定书》签署之前,我国政府不赞成通过林业 CDM 项目进行减排,强调发达国家必须采取实质性减排措施,要求发达国家对发展中国家提供工业改造的技术和资金支持。[28]进入 21 世纪之后,我国开始引进 CDM 下的碳汇造林项目,全球第一个清洁发展机制林业碳汇项目——"中国广西珠江流域治理再造林项目"于 2006 年 11 月开始实施。通过该项目的实施,我国政府积累了碳汇林业项目管理的国家经验。在 2006 年召开的《联合国气候变化框架公约》第 12 次缔约方大会上[29],我国政府同意就发达国家利用林业活动实现其减排目标进行讨论,之后我国政府对气候变化总体政策进行了重大调整,2007 年 6 月国务院发布《中国应对气候变化国家方案》,正式确定林业应对全球气候变化的国家战略。2009 年 11 月,国家林业局发布了《应对气候变化林业行动计划》,确定了我国林业应对气候变化的 5 项基本原则、3 个阶段性目标,实施 22 项主要行动,指导各级林业部门开展应对气候变化工作。

关于林业应对全球气候变化的政策机制问题,我国政府部门和许多学者从普遍意义上理解林业在应对气候变化中的作用,将我国现行森林资源发展的各项政策(如:造林抚育补贴、森林管护补助、生态效益补偿、森林资源采伐限额管理等)作为碳汇林业政策机制设计基础来开展研究与实践。与此同时,国内学者在碳汇林业项目管理政策方面也进行了一些探索,其重点是 CDM 下国际林业项目的意义、项目管理政策的内涵、宏观政策以及项目管理模式和运行机制等,并提出要超前研究适应新环境的林业管理、林业政策。[30]对于林业碳汇市场的形成及融资机制的研究,国内学者认为我国可以通过启动市场需求、建立市场交易体系、设计和使用标准化合同、简化和标准化林业碳汇信用交易程序、扩大林业碳汇交易的项目规模、加深与政府的联系、注重协调利益相关者的关系等措施完善我国森林生态效益市场化途径。[31]还有学者认为我国林业碳汇缺乏交易平台的主要原因是缺乏国家强制减排政策导向的需求市场以及碳汇产权市场的不完善。[32]

2.国内政策机制评价研究现状

由于政策评价涉及决策责任约束、公共政策的修正和调整及新的选择等,所以在整个公共政策过程中政策评价占据十分重要的地位。但是我国在这方面的研究正处于起步阶段。[33]

关于政策评价的含义,理论界仁者见仁、智者见智,目前尚没有能被各方广泛接受的统一定义。朱水成、李静芳、詹国彬、朱仁显、魏淑艳等人认为,政策评价是由一定的评价主体依据一定的标准和程序,采用某些研究方法,对政策的科学性、可行性及其实施后实际产生的效益、效率、效果及价值进行评价和判断的行为,它是政策分析的重要方面,是构成政策运行过程的重要环节,也是政策运行科学化的重要保障。[34-38]谭志华认为,在政策实践中,由于政策活动本身的复杂性和人们认知活动的局限性,事与愿违的现象是普遍存在的。构思再完美、设计再精良的政策也并非都能达到其预期的目的。因此通过政策评价来检验政策实施的价值与效果就显得尤为重要。[39]肖士恩、雷家骕、刘文艳认为,政策评价概括起来有三种:第一,利用经济学和技术经济评价的理论与分析工具,对多个政策方案进行可行性分析和比选,供决策者参考。这种评价方式主要用于单项政策制定前的研究。第二,对整个政策过程进行评价,得到政策从制定、实施到取得效果全方位的信息。这种评价方式成本比较高,主要用于评价针对某一特定项的相应政策,比如用这种方式评价长江三峡工程中制定的各项政策。第三,政策效果评价,包括政策结果评价、政策效益评价和政策效力评价三个方面。政策的制定必然是为实现某一目标而服务的,因而政策实施的效果是政策评价的关键,也是大家关注的焦点。[40]

关于政策评价的标准,学者们也没有取得一致的看法。美国政治学家P. 狄辛将技术理性、经济理性、法律理性、社会理性和实质理性这五种人类社会所追求的理性作为政策评价的标准。[41]何颖认为公共政策评价标准分为一般评估标准和特殊评估标准,前者包括效率标准、效能标准、充分标准、公正标准、适当标准,后者包括评估政策对个人、经济、社会、政治的影响等的标准。[42]张金马认为政策评价标准可分为基本标准(即政治标准,包括利益标准和生产力标准)和具体标准(即科学标准,包括政策的投入、效益、效率和回应程度)两大类。[43]胡平仁认为,政策评价标准直接决定评估的方向和结果是否正确、科学、符合实际。政策评价的主要标准应由合法性标准、投入产出标准、系统功能标准、社会公平与发展标准构成。[44]

现有研究认为,政策评价方法模型可分为定量分析方法和定量评估方法两大类,它们各有优缺点,适用情况各不相同,使用单一方法评估可能会产生非常严重的误导。另外,过于重视量化评估,忽视必要的定性分析也是不可取的。[45]刘进才借助模糊分析方法,建立相关指标体系和评估模型,对我国改革开放20年前后的农村政策进行了实测和对比验证。[46]谢媛则探讨了顾客导向模式这一政策评价基本模式在我国政策评价领域的应用情况。顾客导向的政策评价模式由瑞典政策学家韦唐(Evert Vedung)提出。[47]

三、主要研究内容及结构安排

对林业应对气候变化的相关政策机制进行系统科学的综合评价研究，必须基于一系列理论基础之上。通过查阅、参考大量理论文献，根据研究视角和研究需要，本书从可持续发展理论、低碳经济理论、生态补偿理论出发展开研究，系统科学理论为本书提供方法论支持。本书的主要研究内容和结构安排如下：

（一）主要研究内容

本书从构建林业应对气候变化政策机制综合评价体系的理论依据出发，研究林业应对气候变化复合系统的功能、结构和耦合机理，构建出由运行机制、动力机制、约束机制构成的林业应对气候变化政策机制体系。在此基础上，以系统科学的视角，根据碳增汇、碳贮存、碳替代三大运行机制间存在的正反馈作用机制，将林业应对气候变化政策机制体系视为由碳增汇政策机制子系统、碳贮存政策机制子系统和碳替代政策机制子系统相互耦合而成的政策机制复合巨系统，动力机制和约束机制为该复合巨系统的输入，而运行机制的运行结果为该复合巨系统的输出。围绕林业应对气候变化政策机制复合系统的目标，建立综合评价指标体系、构建综合评价模型，用以对林业应对气候变化政策机制复合系统的整体运行效果、协调状况及协调影响因子的作用方向与作用程度进行测度和评价，并以黑龙江省国有重点林区为例进行实证研究。最后提出对林业应对气候变化政策机制进行调整与完善的对策建议。

（二）结构安排

绪论主要介绍选题背景、研究的目的和意义，对国内外相关文献进行综述，提出本书的主要研究内容、研究方法及技术路线。

第一章以系统科学思想为方法论指导，在对林业在应对气候变化领域的重要作用进行总结概括的基础上，重点对林业应对气候变化的耦合作用机理和系统特征进行分析研究，在此基础上提出系统地整合构建林业应对气候变化政策机制体系框架的总体思路以及对林业应对气候变化政策机制复合系统进行综合评价研究的思路框架,构建出本书的理论假设,为后续研究提供理论依据。

第二章将我国现行的、零散分布的各项有关林业应对气候变化的政策机制进行系统整合,构建出由运行机制、动力机制、约束机制构成的林业应对气候变化政策机制体系,并对其具体结构、组成内容进行分析和阐述,为科学合理地设计林业应对气候变化政策机制综合评价指标体系、选择合适的综合评价方法模型、对林业应对气候变化政策机制进行科学的定量综合评价研究奠定基础。

第三章在总结概括前人有关林业应对气候变化指标体系研究成果的基础上,从构建指标体系的意义和基本原则出发,综合运用理论分析法、专家意见法和频度分析法等指标筛选方法,按照一定的指标筛选程序,结合中国林业应对气候变化政策机制系统的特征,构建出一套相对完备的评价中国林业应对气候变化政策机制的指标体系,为系统评价中国林业应对气候变化政策机制提供方法准备。

第四章在对多指标综合评价方法进行对比分析的基础上,选择超效率DEA 模型、基于变异系数的协调度与协调水平度模型和灰色 GM(1,N)模型作为对林业应对气候变化政策机制进行综合评价的评价方法,并构建林业应对气候变化政策机制综合评价模型,为对林业应对气候变化政策机制进行系统综合评价提供方法支持。

第五章以黑龙江省国有重点林区为例进行实证研究,运用构建出的评价指标体系和评价模型对黑龙江省国有重点林区林业应对气候变化政策机制复合系统及其子系统的综合效率水平、协调状态和复合系统的协调影响因子的作用程度与方向进行测度与评价。

第六章根据林业应对气候变化政策机制复合系统的系统目标、功能、结构与系统特征,提出对我国林业应对气候变化政策机制进行调整与完善的对策建议。

结语对全书进行总结,提出本书的创新点,以及研究展望。

四、研究方法及技术路线

(一)研究方法

1.实证分析与规范分析相结合

实证分析与规范分析都是经济学常用的基本分析方法。所谓实证分析,就是按事物的本来面目描述事物,说明研究对象"是什么",它着重刻画经济现象的来龙去脉,概括出若干可以通过经验证明正确或不正确的基本结论。规范分析要回答的问题是"应该是什么",即确定若干准则,并据以判断研究对象目前所具有的状态是否符合这些准则,如果存在偏离,应当如何调整。实证分析与规范分析难以截然分开。本书从系统科学理论、可持续发展理论、低碳经济理论、生态补偿理论出发,分析林业应对气候变化的系统特征,构建林业应对气候变化的政策机制体系,属于规范分析范畴;采用超效率 DEA 方法、灰色 GM(1,N)方法等构建评价模型,并选取黑龙江省国有重点林区为实证对象进行测度与评价,则属实证分析范畴。

2.定性分析与定量分析相结合

定性分析与定量分析两者是分不开的。本书采用定性分析与定量分析相结合,以定量分析为主的方法对林业应对气候变化政策机制进行综合评价。本书在对林业应对气候变化作用机理、系统特征及其政策机制体系等方面进行定性分析的基础上,构建出林业应对气候变化政策机制综合评价指标体系和评价模型。本书运用理论分析法、专家意见法和频度分析法进行指标筛选;运用超效率 DEA 模型、基于变异系数的协调度与协调水平度模型和灰色 GM(1,N)模型对林业应对气候变化政策机制进行综合评价。

3.静态分析与动态分析相结合

对林业应对气候变化政策机制进行综合效率评价为静态分析;在综合效率评价的基础上进行协调状况评价以及协调影响因子的测度与评价则属于动态分析。运用静态和动态分析能够全面掌握林业应对气候变化政策机制复合系统运行的全貌。

4.系统分析方法

系统分析方法源自系统科学。20 世纪 40 年代后,系统科学迅速发展成为一个横跨各个学科的新的科学部门,它从系统的着眼点或角度去考察和研究整个客观世界,为人类认识和改造世界提供了科学的理论与方法。系统科学的产生和发展标志着人类的科学思维由主要以"实物为中心"逐渐过渡到以"系统为中心",是科学思维的一个划时代突破。系统分析方法把要解决的问题作为一个系统,对系统要素进行综合分析,找出解决问题的可行方案。作为一种研究方略,系统分析方法能在不确定的情况下,确定问题的本质和起因,明确目标,找出各种可行方案,并通过一定标准对这些方案进行比较,帮助决策者在复杂的问题和环境中做出科学抉择。系统分析方法为本书提供方法论指导,在对林业应对气候变化的作用机理、系统特征进行分析,构建相应的政策机制体系,确定综合评价思路框架,以及建立评价指标体系、选择评价模型的过程中,均以系统科学的视角、用系统分析的方法展开研究。

(二)技术路线

本书的技术路线如图 0 - 1 所示。

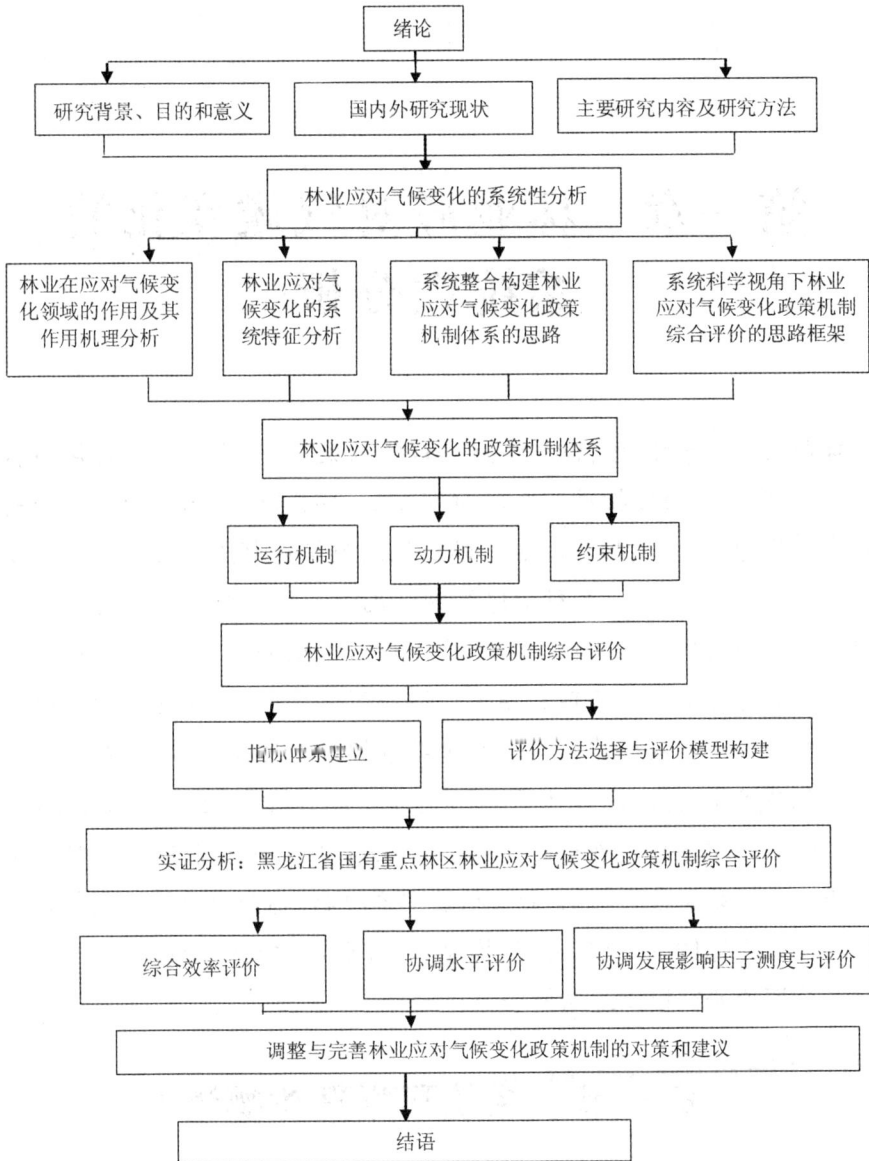

图 0-1　技术路线

第一章 林业应对气候变化的系统性分析

　　林业的多产业性、多目标共存性、资源约束性、生产资源的地域组合性特征[48]决定了充分发挥林业在应对气候变化领域的作用必须以系统科学方法论为指导；对有关林业应对气候变化的政策机制进行综合评价以及调整优化，也必须建立在系统科学思维的基础之上。本章在对系统科学理论及林业在应对气候变化领域的重要作用进行总结概括的基础上，重点对林业应对气候变化的耦合机理和系统特征进行分析研究，在此基础上提出整合构建林业应对气候变化政策机制体系框架的总体思路，以及对林业应对气候变化政策机制进行综合评价研究的思路框架，构建出本书的理论假设，为在后续研究中将我国现行的、零散分布的各项有关林业应对气候变化的政策机制进行系统整合、形成政策机制体系，构建林业应对气候变化政策机制综合评价指标体系和综合评价模型，对林业应对气候变化政策机制进行定量综合评价研究提供理论依据。

第一节 系统科学理论概述

　　系统科学的思维方法是现代管理思想具有的一种普遍的思维方法。系统科学理论诸学科都着眼于世界的复杂性，确立系统观点也即复杂性方法论原则，归纳整体和部分之间的相互关系、系统与环境之间的相互关系。贝塔朗菲指出，现代技术和社会已变得十分复杂，"我们被迫在一切知识领域中运用'整体'或'系统'概念来处理复杂性问题"。普利高津断言,现代科学在一切方面、一切层次上都遇到了复杂性,必须结束"现实世界简单性"这一传统信念,要把复杂性当作复杂性来处理,建立复杂性科学。

一、系统科学的科学体系

系统科学是研究系统的类型、一般性质和运动规律的科学。系统科学作为一个完整的科学体系包括三个部分:系统学、系统方法学和系统工程学。[49]

系统学是系统科学的基础理论,它研究一般系统的基本概念、基本性质和基本规律。系统学可以分为系统概念论和系统进化论。系统概念论研究有关一般系统的基本概念和一般系统的基本性质,为系统学建立逻辑结构,并以数学形式表示这一逻辑结构。有关一般系统的基本概念有系统、要素、环境、信息、结构、功能、涨落、系统时空等;一般系统的基本性质是整体性、稳定性、适应性、等级性和历时性。系统进化论研究适用于各种具体系统的一般进化原理,亦即研究一般系统的产生、变化和发展的基本规律。系统进化是一个从无序到有序,再通过新无序过渡到新有序的反复循环发展过程。系统进化的机制是涨落、环境选择和隔离。涨落为系统进化提供材料,而环境选择决定系统进化的方向。系统信息量的增加是系统进化的标志。与系统学研究有关的研究领域主要有五种:一是一般系统论;二是耗散结构理论;三是哈肯的协同学;四是艾根的超循环论;五是槌田敦的资源物理学。

系统方法学根据系统学基本理论研究系统方法,其中包括系统方法的基本构成、系统方法的基本原则和若干方法论学科。系统方法是系统科学的基本方法,是结构方法、功能方法与历史方法的辩证统一。系统方法的基本原则提供研究或研制各种系统时所必须遵循的思想原则,其中包括整体性原则、相关性原则、综合性原则、目的性原则、层次性原则和历时性原则。系统方法学的核心是若干方法论学科,它们提供一些实用的系统方法理论,目前主要有五种。一是信息论。申农于1948年创立信息论。它是用数学方法研究信息的计量、传输、变换和储存的一门学科。其主要任务在于提高信息传输的效能和保持传输信息的完整性。如何计量信息,是信息论最基本的问题。申农只从量的方面考察了信息;哥尔德曼于 1953 年提出不仅要考虑信息的量,而且要考虑信息对接收者的使用价值;贝里斯和高艾斯于 1968 年提出"量 - 质"统一量度的信息,它后来被称为"有效信息";夏尔马等人于 1978 年进一步把它推广为"广义有效信息"。但是对于信息本质问题至今仍然众说纷纭。二是控制论。维纳于 1948 年创立控制论,把它定义为动物和机器中控制和通信的理论。现在控制论分为古典控制理论和现代控制理论。前者主要用来解决单输入 - 单输出问题,所研究的一般是线性定常系统,后者主要用于解决多输入 - 多输出问题,所研究的可以是线性或非线性系统,定常或时变系统。在系统描述中,前者用一个高阶微分方程,后者则用一阶微分方程组(即状态方程)。前者的方法是频域法,后者的方法是时域法。三是系统动力学。[50] 这是美国麻省理工学院 J. W. 福莱斯特从 1950 年起倡导的一门学科。他以信息反馈系统理论为理论基础,以电子计算机为计算手段(采用 DYNAMO 语言),以军事作战行动中的决策机制研究和工程领域的仿真工作为经验依据,建立了这一门关于连续仿真建模技术的方法论学科。它能用来方便地模拟非线性多重反馈复杂大系统,能把人的判断力、经验与逻辑推导结合起来,能适用于不确定性大的长期宏观规划。四是灰色系统理论。这是邓聚龙从 1979 年起倡导的一种控制理论。他把各类系统分成白色系统、黑色系统和灰色系统,系统中既有白色参数又有黑色参数的就称为灰色系统。他以灰色参数、灰色代数方程和灰色矩阵描述灰色系统。五是泛系方法论,亦称泛系理论或泛系分析。由吴学谋从 1976 年起倡导。泛系方法论是事物机理中广义的系统、转化与对称的一种跨学科的研究和应用。它着重研究与十大关系(宏微、动静、局整、形影、因果、观控、串并、模拟、集散、异同)有关的一般数学结构,已提出一系列新概念与定理,开辟了一系列新的理论研究与应用领域。此外,目前引人注目的方法论学科还有从 20 世纪 60 年代发展起来的模糊系统理论和从 20 世纪 70 年代发展起来的大系统理论。

系统工程学是系统科学的应用领域。可以定义为:系统工程学 = 系统

方法＋运筹学＋电子计算机技术。这里,系统方法为系统工程学提供思维
方法和若干方法论学科,运筹学提供数学工具,电子计算机提供计算工具。
将这三者应用于解决具体系统问题,就形成各项系统工程。

二、系统科学的发展阶段

系统科学的发展可分为两个阶段:第一阶段以二战前后控制论、信息论
和一般系统论等的出现为标志,主要着眼于他组织系统的分析;第二阶段以
耗散结构理论、协同学、突变论、超循环论、分形理论和混沌理论等为标志,
主要着眼于自组织系统的研究[51]。一般认为,系统开放、远离平衡、非线性
相互作用、涨落是自组织形成的基本条件。其中,耗散结构理论是解决自组
织出现的条件环境问题的;协同学基本上是解决自组织的动力学问题的;突
变论从数学抽象的角度研究了自组织的途径问题;超循环论解决了自组织
的结合形式问题;分形理论和混沌理论则从时序和空间序的角度研究了自
组织的复杂性和图景问题,混沌指的是非线性确定性动态系统表现出来的
终态不稳定性现象,这种现象来自系统内在的随机性[52],而分形理论主要
研究不规则、非光滑、具有分数维特征的几何对象。耗散结构理论指出,一
个远离平衡态的开放系统,通过与外界不断地交换物质和能量,可以从无序
状态转变为有序状态,即耗散结构状态。普利高津在研究了大量系统的自
组织过程以后,总结归纳出影响耗散结构形成的四个因素——开放系统、远
离平衡态、非线性作用、涨落,其中远离平衡态是对开放系统的进一步解释,
涨落是由非线性作用引起的,因此,这四个因素可以归纳成"非平衡、非线
性"这两个必要条件。耗散结构理论也称非平衡非线性自组织理论,也说明
了"非平衡、非线性"是耗散结构形成的两个本质条件。而协同学主要研究
系统内部各要素之间的协同机制,认为系统各要素之间的协同是自组织过
程的基础,系统内各序参量之间的竞争和协同作用是系统产生新结构的直
接根源,即:从无序转变为有序的关键,是系统的自组织现象,是系统内部各
子系统在一定条件下相互作用造成的协同现象。超循环论解决"块复制"的
机制问题,即组织的发展如何把自身的核心能力复制到要发展的区域并和

环境融合起来。诺贝尔化学奖获得者艾根将循环反应网络分成三个等级：第一等级是反应循环。在一组相互关联的反应中，如果任一反应产物与前面某一步骤中的反应物相同，就形成一个反应循环。这种反应循环作为一个整体就成为一个催化剂。第二等级是催化循环。如果一个反应循环中，至少有一个中间物是催化剂，就构成一个催化循环。最简单的催化循环成为一个自复制单元，是保存信息所必需的。第三等级是催化超循环。超循环简单地说就是由多个催化循环相互结合所构成的复杂化学循环。在艾根的超循环论中，所谓超循环是指关于催化功能是超循环的系统，即催化超循环。催化超循环是由循环联系连接各个自催化剂或自复制单元而形成的。[53]

三、系统科学的基本观点

系统科学的一般理论的基本观点可简单概括如下：

（1）系统是指由两个或两个以上的元素（要素）相互作用而形成的整体。所谓相互作用，主要指非线性作用，它是系统存在的内在根据，是构成系统全部特性的基础。[54]系统具有层次性、整体性、集合性、相关性、目的性和环境适应性。按照系统在自然界存在的形态和性质，可以从不同的研究角度将系统分为各种各样的类型，如：自然系统与人工系统，实体系统（硬件系统）与概念系统（软件系统），控制系统与行为系统，简单系统与复杂系统，等等。

（2）系统是一个为环境所影响，并反过来影响环境的开放系统。系统在与环境的相互影响中取得动态平衡的同时要从外界接收能源、信息、物料等各种投入，经过各种转换，再向外界输出产品。

（3）系统内部的相互作用是系统演化的内在动力。系统要素之间的相互作用是系统存在的内在依据，同时也构成系统演化的根本动力。系统内的相互作用从空间来看就是系统的结构、联系方式，从时间来看就是系统的运动变化使相互作用中的各方力量总是处于此消彼长的变化之中，从而导致系统整体的变化。作为系统演化的根据，系统内的相互作用规定了系统演化的方向和趋势。系统演化的基本方向和趋势有二:首先,是从无序到有序、从简单到复杂、从低级到高级,是前进的、上升的运动,即进化,这是一个熵减或者说产生负熵流的过程。产生进化的基本根据是非线性作用及其对系统的正效应在系统中居于主导地位。在这一条件下,非线性作用进一步规定了什么样的有序结构可能出现并成为稳定吸引子,同时规定了系统演化可能的分支。其次,是从有序到无序、从高级到低级、从复杂到简单,是倒退的、下降的方向,也即退化,这是一个熵增的过程。热力学第二定律已经表明,在孤立或封闭系统内,这一演化趋势是不可避免的。普利高津指出,对于一个处于热力学平衡态或近(线性)平衡态的开放系统,其运动由玻耳兹曼原理决定,其运动方向总是趋于无序。从相互作用上来理解,退化主要是由于非线性相互作用对系统的负效应占有了支配地位。

(4)系统与环境的相互作用是系统演化的外部条件。从抽象意义上来理解,任何现实系统都是封闭性和开放性的统一。环境构成了系统内相互作用的场所,同时又限定了系统内相互作用的范围和方式,系统内相互作用以系统与环境的相互作用为前提,二者又总是相互转化的。在这个意义上,系统内的相互作用是以系统的外部环境为条件的。

系统的进化尤其依赖于外部环境。系统的相干作用是在系统内存在差异的情况下表现出来的。没有温度梯度就不会有热传导,没有化学势梯度也不会有质量扩散。但热力学第二定律指出,系统内在差异总是在自发的不可逆过程中倾向于被削平,导致系统向无序的平衡态演化。因此,必须不断从外部环境获得足够的物质和能量才能使系统差异得以建立和恢复,维持远平衡态,使非线性作用实现出来。因此系统必须对环境保持开放,才能进化。但开放性只是进化的必要条件,而非充分条件。普利高津的耗散结构理论指出,孤立系统没有熵流(即系统与外界交换物质和能量而引起的熵),而任一系统内部自发产生的熵总是大于或等于零的(当平衡时等于零)。因此孤立系统的总熵大于零,它总是趋向于熵增,无序度增大。[55]当一个系统的熵流不等于零时,即保持开放性时,有三种情况:第一种情况是热力学平衡态,此种系统中,熵流是大于零的,因此物质和能量的涌入大大增加了系统的总熵,加速了系统向平衡态的运动。第二种情况是线性平衡态。它是近平衡态,其熵流约等于零。这种系统一般开始时有一些有序结构,但最终无法抵抗系统内自发产生的熵的破坏而趋于平衡态。第三种情况大为不同,这种系统远离平衡态,即熵流小于零,因此物质和能量给系统带来的是负熵,结果使系统有序性的增加大于无序性的增加,新的组织结构就能从中形成,这就是耗散结构。例如生命系统、社会系统等。

(5)随机涨落是系统演化的直接诱因。稳定与涨落是刻画系统演化的重要概念。由于系统的内外相互作用,系统要素性能会有偶然改变,耦合关系会有偶然起伏,环境会出现随机干扰。系统整体的宏观量很难保持在某一平均值上。涨落就是系统宏观量对平均值的偏离。按照对涨落的不同反应,可把稳定态分为三种:恒稳态,对任何涨落保持不变;亚稳态,对一定范围内的涨落保持不变;不稳态,在任何微小涨落下都会消失。对于稳定态而言,涨落将被系统收敛平息,表现为向某种状态的回归。在热力学平衡态中,不论何种原因造成的温度、密度、电磁等属性的差异,最终都将被消除以达到平衡态。

但对于远平衡态,如果系统中存在着正反馈机制,那么涨落就会被放大,导致系统失稳,从而把系统推到临界点上。系统在临界点上的行为有多种可能性,究竟走向哪一个分支,是不确定的。是走向进化,还是走向退化,是走向这一分支,还是走向那一分支,涨落在其中起着重要的选择作用。达尔文的生物进化论证明,生物物种的偶然变异的积累可以改变物种原有的遗传特性,导致新物种的出现。耗散结构理论和协同学则定量地证明,随着外界控制参量的变化,原有的稳态会失稳,并在失稳的临界点上出现新的演化分支。一个激光器,仅仅因为外界泵浦功率的改变,就可以稳定地发出自然光、激光或脉冲光。

由此可见,稳定态对涨落的独立性是相对的,超出一定范围,例如在上述条件下,涨落将支配系统行为。如果涨落被加以巩固,那就意味着新稳态的形成。涨落在系统演化中的重要作用说明,系统演化是必然性与偶然性的辩证统一。普利高津指出,"远离平衡条件下的自组织过程相当于偶然性和必然性之间、涨落和决定论法则之间的一个微妙的相互作用"[56]。耗散结构理论、协同学、超循环论、混沌理论乃至突变论等系统自组织理论的发展使我们对自然演化的前提条件、动力根据、诱因途径、组织形式和发展前途等已能够加以较为具体的刻画,对多样性和统一性、质变和量变、肯定和否定、原因与结果、必然性与偶然性、可能性和现实性、进化和退化等的辩证统一关系进一步从科学上加以说明,从而建立起真正的关于演化的科学。

(6)动态系统理论是系统科学的核心。系统演化原理的提出,最终确立了系统理论的动态性原则。这一原则指出:虽然我们在以往的研究中常常被迫采用理想的"孤立系统"、"封闭系统"的概念,但任何实际系统都是动态的"活系统",而不是"死系统"(已经完成的、静止的、永恒的东西),因此系统研究不能仅满足于静态还原。热力学第三定律指出,绝对零度永远不可达到。量子力学也已证明,即使在绝对零度,还有"零点能"的存在。因此必须克服静止的形而上学的思维方式,从系统的动态过程中来把握对象。要从对要素的静态分析上升为对要素之间的相互作用、要素在系统整体中的变化的动态把握;要从对结构的静态分析上升为对内外相互作用、结构态的形成、保持和转化的动态把握;要从对系统整体的静态分析上升为对系统的发生、发展和消亡的总体过程的动态把握。

动态系统理论是关于系统状态转移的动力学过程的理论,其中心课题是把握系统的演变规律,突出地表现了系统科学的动态性原则。其数学模型通常称为动力学方程或称为演化方程。它以状态变量表示系统状态,把系统所有可能状态的集合称为状态空间;以控制向量表示环境对系统的制约;以稳定性理论、吸引子理论、分叉理论刻画系统的演化。[57]在动力学方程中,一般以微分、差分、积分等表示动态特性的量来描述动态过程中诸变量之间的关系。在动态系统理论看来,所谓静态系统只能是一种静态假设,它基于这样一种假设:系统状态迁移可以瞬间完成。这意味着,系统必须有无限储能可资利用。但任一实际系统总是有限的,因而状态转移不可能瞬间完成。动态性原则可以说贯穿于系统科学及其方法的每一个具体内容中。各种具体的系统科学方法无不体现出动态性特征。

(7)系统耦合。耦合,原为物理学名词,指两个(或两个以上的)体系或运动形式之间通过各种相互作用而彼此影响的现象。[58]如:两个单摆中间连一根线或一个弹簧,它们的振动就此起彼伏,这是单摆的耦合。两个或两个以上的电路构成一个网络时,其中某一电路中电流或电压发生变化,能影响到其他电路也发生相应的变化,这种现象叫作电路的耦合。电路的耦合作用就是把某一电路的能量传送到其他的电路中去。实现电路耦合的条件是,电路之间必须有公共阻抗存在。根据公共阻抗性质的不同,可分为不同的电路耦合方式:电阻耦合、电感耦合、互感耦合、电容耦合。

近年来,耦合的概念已被广泛应用于各学科领域。概括而言,两个相近、相通又相差、相异的系统,不仅有静态的相似性,也有动态的互动性,它们就具有耦合关系。耦合度就是两个或两个以上的实体相互依赖于对方的一个量度。系统耦合是指两个或两个以上的具有同质耦合键(性质相似)的系统,在一定的条件下,通过能流、物流和信息流的超循环,形成新的高级系统——耦合系统的系统进化过程。这种由几种类型的系统通过系统耦合互相重合和嵌套而结合成的新的、高一级的结构 - 功能体就是耦合系统,又称复合系统。耦合系统中有物流、能流、信息流的循环,包含错综复杂的因子。研究耦合系统关系的协调、反馈和发展的机理,称为系统耦合理论。耦合度的因子分析是考察系统耦合发展规律及其协同效应的重要手段和工具。由于耦合系统的组分更为复杂,结构更为合理,所以可以强化系统的整体功能,放大系统的整体效益。采取措施对具有耦合关系的系统进行引导、强化,促进其良性的、正向的相互作用和相互影响,激发其内在潜能,可以实现优势互补和共同提升。

由此可见,系统理论将管理对象视为一个不断变化的开放系统,并对系统各种各样的演变规律加以认识、研究和把握,它已经成为现代管理科学的方法论基础。

第二节 林业在应对气候变化领域的作用

一、森林碳汇与林业碳汇的概念界定

碳汇与碳源是两个相对的概念。《联合国气候变化框架公约》将碳汇定义为从大气中清除二氧化碳的过程、活动或机制;将碳源定义为向大气中释放二氧化碳的过程、活动或机制。

森林碳汇是指森林植物通过光合作用将大气中的二氧化碳吸收并固定在植被与土壤当中,从而减少大气中二氧化碳浓度的过程。[59]据测算,树木每生长 1 立方米,约吸收 1.83 吨二氧化碳,释放 1.62 吨氧气。

林业碳汇是指利用森林的碳沉降、固碳及储碳功能,通过植树造林、加强森林经营管理、减少毁林、保护和恢复森林植被、以木材进行原材料替代、以林木生物质能源进行能源替代等活动,吸收、固定大气中的二氧化碳,减少二氧化碳排放量,以及按照相关规则与碳汇交易相结合的过程、活动或机制。[60]森林碳汇侧重森林吸收碳的物理特性,属自然科学范畴;林业碳汇侧重其社会特性,强调人的参与,与碳汇交易结合,与碳汇交易机制相关。土地是有限的,林业用地受到人口增长、城市扩张等各种因素影响,使提高森林覆被率有一个相对合理的比例,这会影响到森林活立木蓄积总量的增长,使森林碳汇的发挥空间受到增长的制约。但同时也应注意到:森林采伐和森林的可再生性,使森林的碳沉降、固碳及储碳功能得到大大的加强和延伸。即:理论上讲,通过林业碳汇,森林发挥碳沉降、固碳及储碳功能的空间几乎可以达到我们所要求的任何水平。

可见森林碳汇容量大小与森林蓄积直接相关,现有活立木蓄积是已经固定的碳,要增加森林碳汇主要取决于两点:一是增加森林蓄积,二是合理采伐利用资源,而这最终又取决于林业碳汇的水平。[61]一方面,森林蓄积增长主要靠造林和合理经营森林,通过森林蓄积增长可以带来新的固碳量。另一方面,当造林面积和森林单位面积蓄积达到一定水平的时候,合理采伐利用森林资源就成为决定森林碳汇增长的主要因素。因为合理采伐利用森林,可以充分发挥木材的继续固碳作用,等于无形中扩大了森林碳汇的作用;合理采伐还可以为新的造林活动提供充足的土地资源,有利于形成新的碳汇。上述两个方面不是孤立的,它们相互交错、相互影响。[61]

本书将林业碳汇划分为直接固碳和间接固碳两部分。森林中树木固碳、林下植物固碳和土壤固碳(森林有机体的各类碳沉降)属于直接固碳;森林产品固碳作用的延伸,以及森林产品代替其他材料从而带来其他材料生产过程中能源节约、减少二氧化碳排放的这两个方面属于间接固碳。林业碳汇功能发挥主要有两个渠道:一是通过造林、抚育、管护等活动,强化森林资源培育,增加森林资源存量,从而使森林碳库容量得以增加,使森林更多、更快地吸收二氧化碳,降低大气中二氧化碳浓度;二是合理采伐利用森林资源,这样既可以创造新的造林地和森林生长空间,延伸森林固碳作用,又可以通过林木产品(如家具等)、林木生物质能源的利用继续达到固碳、减排的目的。[61]

二、林业在应对气候变化领域的重要作用

森林植物通过光合作用吸收二氧化碳、放出氧气,把大气中的二氧化碳以生物量的形式固定下来。研究表明:林木每生长 1 立方米平均可吸收 1.83 吨二氧化碳、放出 1.62 吨氧气;1 公顷阔叶林 1 天可以吸收 1 吨二氧化碳,放出 0.73 吨氧气。每营造 11 亩人工林,可吸收一辆奥迪轿车一年的二氧化碳排放;每营造 15 亩人工林,可以清除三口之家产生的二氧化碳[62]。如果人类大量毁林、过度采伐利用森林资源,就会将森林生态系统(包括森林植被和土壤)中储存的二氧化碳释放到大气中,使大气中二氧化碳浓度增加,导致或加快温室效应,引起全球气候变化。但对森林进行合理采伐和利用,发挥木材的原材料替代作用、林木生物质能的能源替代作用,会提高森林的固碳能力(木材使用继续起到固碳、提供林地进行再造林、减少碳排放的作用)。

全球每年向大气排放碳 65 亿吨左右,其中:能源消耗排碳 50 亿吨,占

全球年碳排放总量的 73%;毁林排碳 15 亿吨,占全球年碳排放总量的
23%,成为仅次于化石燃料的碳排放源。全球每年森林固碳 15 亿吨左右,
海洋吸收碳量为 20 亿—30 亿吨,另外有 20 亿—30 亿吨碳飘浮在大气中,
增加了大气二氧化碳的浓度。研究表明,森林碳汇潜力巨大,通过加强对森
林资源的合理经营利用,可以增加森林碳汇容量,使森林吸收更多的二氧化
碳。据估计,2000 年到 2050 年全球最大森林碳汇潜力为每年 15.3 亿—
24.7 亿吨碳,其中造林约占 28%,再造林约占 14%,农用林约占 7%。林业
活动已经成为各国致力温室气体减、限排的最经济和最有效的措施
之一[63]。

此外,森林还可以促进适应气候变化。通过实施林业工程,可以防治水
土流失、提高土壤肥力、涵养水源、防风固沙、固碳释氧、调节气候等,从而增
强防护区域对气候变化的适应能力。据专家测算,中国森林生态系统涵养
水源、保育土壤、固碳释氧、积累营养物质、净化大气环境与生物多样性保护
6 项服务功能总价值为每年 10 万亿元,相当于 2009 年我国 GDP(33.5 万
亿元)的近 1/3。

林业在增加碳汇、减缓气候变化方面的贡献已获得全世界的广泛认可。
森林问题在国际气候变化谈判中一直是备受关注的问题之一。应对气候变
化的国际行动从 1992 年至今已经走过了 20 多年,回顾总结这 20 多年来气
候变化的国际进程,在科学报告与政策行动两个方面,林业都占有十分重要
的地位。

IPCC 评估报告表明:全球毁林排放的二氧化碳约占全球温室气体总排
放量的 17.4% 左右,多于交通部门,是位居能源、工业之后的全球第三大温
室气体排放源。IPCC 第 4 次评估报告在论述林业增汇固碳功能时指出:
"林业具有多种效益,兼具减缓和适应气候变化双重功能,是未来 30—50 年
增加碳汇、减少排放成本、经济可行的重要措施。"同时指出:"增加林业碳
汇的主要途径是保持或扩大森林面积、保持或增加林地层面的碳密度、保持
或增加景观层面的碳密度、提高林产品的异地碳贮量、促进产品和燃料的
替代。"

1997 年 UNFCCC 下的《京都议定书》的签订,使世界各国在应对全球气候变化的进程中向前迈进了一大步。随着《京都议定书》的实施以及气候变化问题谈判进程的加快,各国均面临着承担减、限排的压力。《京都议定书》积极倡导清洁发展机制,此后的《波恩政治协议》和《马拉喀什协议》承认森林碳汇对减缓气候变暖的贡献,并要求加强森林可持续经营和植被恢复及保护,同意将造林、再造林和森林管理等活动作为第一期承诺合格的清洁发展机制项目,允许发达国家通过向发展中国家提供资金和技术、在发展中国家开展造林和再造林等林业碳汇项目抵消其部分温室气体排放量,这标志着林业在应对全球气候变化中的重要地位得到了全世界的正式承认,林业已被纳入应对气候变化的国际进程。2007 年召开的 UNFCCC 第 13 次缔约方大会通过的《巴厘路线图》中,将减少发展中国家毁林和森林退化导致的碳排放,以及通过森林保护、森林可持续管理、森林面积变化而增加的碳汇(简称 REDD-plus),作为发展中国家减缓措施纳入气候谈判进程,要求发达国家对发展中国家在林业方面采取的上述减缓行动给予政策和资金支持。《巴厘路线图》进一步提升了林业在应对全球气候变化中的重要地位。2009 年 12 月 7—18 日,在丹麦首都哥本哈根召开了 UNFCCC 第 15 次缔约方大会,此次会议形成的《哥本哈根协议》进一步明确:"减少滥伐森林和森林退化引起的碳排放至关重要,需要提高森林碳汇能力以及立即建立包括 REDD-plus 在内的正面激励机制。"

中国政府高度重视应对气候变化问题,2007 年 6 月印发《中国应对气候变化国家方案》,把林业纳入我国减缓和适应气候变化的重点领域,强调植树造林、保护森林、最大限度地发挥森林的碳汇功能等是应对气候变暖的重要措施。第七次全国森林资源清查(2004—2008 年)结果显示,目前全国森林面积 1.95 亿公顷,森林覆盖率达 20.36%。我国森林植被总的碳贮存量达到 78.11 亿吨,对减缓全球气候变化做出了重要贡献。据专家估算,1980 年至 2005 年,我国通过持续不断地开展植树造林和森林管理活动,累计净吸收二氧化碳 46.8 亿吨,通过控制毁林,减少二氧化碳排放 4.3 亿吨。[64] 2007 年,胡锦涛主席在第 15 次亚太经济合作组织会议上提出了"建立亚太森林恢复与可持续管理网络"的重要倡议,并承诺到 2010 年中国森林覆盖率要达到 20%,被国际社会誉为应对气候变化的"森林方案"。在 2009 年 9 月举行的联合国气候变化峰会上,胡锦涛主席又提出要大力增加森林碳汇,并承诺到 2020 年中国森林面积要比 2005 年增加 4000 万公顷,森林蓄积量增加 13 亿立方米,再次赢得世界各国的高度评价。

2009 年 6 月召开的中央林业工作会议指出,在应对气候变化中林业具有特殊地位,强调"应对气候变化,必须把发展林业作为战略选择"。这是党中央、国务院根据林业的特点、国际气候谈判的形势以及我国生态文明建设的战略目标做出的科学判断,明确了新时期我国林业的新地位、新使命,符合我国在国际气候谈判中的战略利益,也符合全球应对气候变化的共同立场。[65] 2011 年出台的《林业发展"十二五"规划》再次对林业在应对气候变化领域中的地位予以明确。

三、林业应对气候变化主要行动计划

2009 年 11 月 6 日,国家林业局发布了《应对气候变化林业行动计划》,确定了我国林业应对气候变化的 5 项基本原则、3 个阶段性目标,实施 22 项主要行动,指导各级林业部门开展应对气候变化工作。[66] 5 项基本原则是:坚持林业发展目标和国家应对气候变化战略相结合,坚持扩大森林面积和提高森林质量相结合,坚持增加碳汇和控制排放相结合,坚持政府主导和社会参与相结合,坚持减缓与适应相结合。3 个阶段性目标是:到 2010 年,年均造林育林面积 400 万公顷以上,全国森林覆盖率达到 20%,森林蓄积量达到 132 亿立方米,全国森林碳汇能力得到较大增长;到 2020 年,年均造林育林面积达到 500 万公顷以上,全国森林覆盖率增加到 23%,森林蓄积量达到 140 亿立方米,森林碳汇能力得到进一步提高;到 2050 年,比 2020 年净增森林面积 4700 万公顷,森林覆盖率达到并稳定在 26% 以上,森林碳汇能力保持相对稳定。22 项主要行动包括林业减缓气候变化的 15 项行动和林业适应气候变化的 7 项行动。林业减缓气候变化的 15 项行动是:大力推进全民义务植树,实施重点工程造林,加快珍贵树种用材林培育,实施能源林培育和加工利用一体化项目,实施全国森林可持续经营,扩大封山育林面积,加强森林资源采伐管理,加强林地征占用管理,提高林业执法能力,提高森林火灾防控能力,提高森林病虫鼠危害的防控能力,合理开发和利用生物质材料,加强木材高效循环利用,开展重要湿地的抢救性保护与恢复,开展农牧渔业可持续利用示范。林业适应气候变化的 7 项行动是:提高人工林生态系统的适应性,建立典型森林物种自然保护区,加大重点物种保护力度,提高野生动物疫源疫病监测预警能力,加强荒漠化地区的植被保护,加强湿地保护的基础工作,建立和完善湿地自然保护区网络。

第三节　林业应对气候变化的作用机理分析

系统科学视角下的林业应对气候变化问题研究,首先需要厘清林业应对气候变化的作用机理。

温室气体主要指大气圈中的二氧化碳、氧化亚氮、甲烷等能够吸收长波热辐射的气体,其中又以二氧化碳最为主要。大气中的温室气体越浓,地球的温度越高,就形成了我们所说的"温室效应"。最近 50 年的气候变化以及随之而来的一系列生态问题,主要是由人类活动导致大气中温室气体浓度过高引起的。这种影响主要分为两个方面:一方面是直接向大气排放温室气体,如化石燃料燃烧和生物质燃烧直接向大气排放二氧化碳、氧化亚氮和甲烷等气体,工业生产过程中也会大量产生此类物质;另一方面,对森林大面积的砍伐使得吸收大气中二氧化碳的植物大为减少。两个方面结合起来,在一增一减之间,就使二氧化碳在大气中的含量越来越多,抬高全球气温。而解决气候变化问题的根本之道就在于人类通过控制自己的行为尽量减少二氧化碳的产生,使温室效应能够得到某种程度的缓解。

作为地球上最重要、最活跃的碳汇,森林在吸收二氧化碳、降低大气中二氧化碳浓度方面具有极其重要的作用,并且人类活动可以使这一作用得以强化。这一作用过程可以理解为:在森林的碳汇功能作用下,整个林业应对气候变化复合系统一直处在不间断的碳循环过程中(如图 1 - 1 所示)。

一方面,树木通过光合作用吸收空气中的二氧化碳,使之形成有机碳,起到固碳作用。另一方面,树木通过呼吸作用向大气中排放二氧化碳;树木的枯枝落叶不断地被分解,一部分向大气中排放二氧化碳,一部分成为腐殖质继续起到固碳的作用;森林火灾可以大量排放树木所固定的碳。森林成熟后被采伐,采伐和加工剩余物如果被当作薪炭材,则其所固定的二氧化碳会很快回归大气,薪炭材对减少二氧化碳排放的贡献主要体现在薪炭材对化石能源的替代作用上;如果木材被深加工,则继续起到固碳作用,木材产品固碳时间因产品的不同而有很大差别,产品的循环再利用也可以延长固碳时间。由于地球上可用于造林的土地有限,森林的固碳作用是有限的。但是如果考虑到森林产品的继续固碳和替代作用,协调发挥好森林碳汇和林业碳汇功能,则森林固碳与二氧化碳减排之间具有相关性。这正是林业能够在应对气候变化领域发挥重要作用的机理之所在。

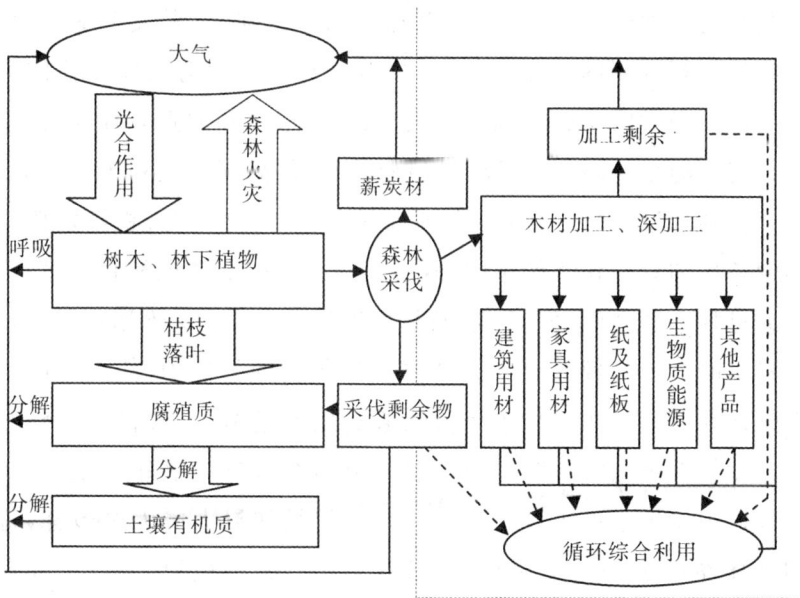

图1-1 林业应对气候变化复合系统碳循环示意图

第四节　林业应对气候变化的系统特征分析

根据林业应对气候变化的作用机理分析,应对气候变化的各种林业活动具有以下系统特征:

(1)应对气候变化背景下的各种林业活动相互耦合协同,构成了一个复合系统。

林业经营是一种以森林资源为对象的经济活动。森林资源是林业经营的基础,森林资源的特点决定了林业的特点。因此,林业是具有三种产业属性的产业体系,具有多产业性:森林的培育、保护和管理即森林营造业,具有种植业性质,属第一产业;森林的开发与利用是工业的组成部分,属第二产业;森林提供的生态效益,具有为其他产业服务的性质,属第三产业。林业活动所具有的三种产业属性,均以森林资源为基础,三者关系密切,相互作用、相互联系、相互制约又相互促进,融为一体。在应对气候变化的林业活动中,一方面,通过防止毁林和森林火灾,同时造林和加强森林经营,不但可以保护好现有的森林固碳量,还可以提高森林的固碳速度和固碳能力,从而提高森林固碳总量。另一方面,合理采伐、利用森林资源,积极发挥林木资源的能源替代和原材料替代作用,既可以创造新的造林地和森林生长空间,又可以通过林木产品(如家具)以及林木生物质能源和林木原材料对传统能源与原材料的替代实现继续固碳并减排二氧化碳的作用,使森林的固碳作用得以延伸和放大。如果林业经营能够实现上述两个方面的耦合和协同,构成一个复合系统,就能够在吸收、稳定和减缓大气二氧化碳浓度,应对气候变化领域中发挥不可小觑的积极作用。但是如果人类大量毁林、过度采伐利用森林资源,就会将森林生态系统(包括森林植被和土壤)中储存的二氧化碳释放到大气中,使大气中二氧化碳浓度增加,加快温室效应,为全球气候变化推波助澜。

(2)由林业第一、二、三产业活动相互耦合协同而成的林业应对气候变化复合系统又是一个典型的耗散系统。

开放性、非平衡、非线性和涨落是耗散系统的特征。在林业生态子系统中有自然界的物质、能量输入和输出,如阳光、雨水、矿物元素、碳化物等;在林业社会、经济子系统中有国家、企业和个人不间断地投入人力、物力、财力等,也有各种林产品的输出。与此同时,林业复合系统中充满了各种非线性动力过程:在林业生态子系统中,自然界输入的物质、能量都是非线性的,即不满足叠加原理;环境因素(如风力、风向、温度、湿度、地理等)的变化是不均匀的;生态系统内的生物细胞、器官、个体、种群的生长遵循非线性的 S 形曲线关系;个体、种群之间的竞争、共生、互生、寄生等也呈现复杂的非线性关系[67]。在林业社会、经济子系统中,人类社会对其人力、物力、财力、信息等的投入,以及林产品输出也是非线性的。并且所有这些自然的和人类的非线性的动力学作用,都使林业复合系统产生水平波动和涨落,推动着该林业复合系统的变化与发展。[68]

(3)林业应对气候变化复合系统同其他耗散系统一样,也存在着熵值增加的自发趋势。

这里的熵增指的是任何一种状态、体制、机制、政策、方法等在相对封闭的林业活动过程中,总呈现出有效能量逐渐减少、无效能量不断增加的一个不可逆过程。比如:由于工农业污染、自然胁迫(水、肥、光、温度等致衰因子)、林分动态发生变化而出现森林衰退病或生态病;森林采伐和毁林、人工纯林以及纯林连栽导致的地力、生产力衰退;近一个世纪的强烈人为干扰使大部分原始天然林退化为次生林等森林退化现象在全球普遍存在。对林业应对气候变化系统进行管理的宗旨就是要避免系统陷于封闭,促使系统不断由旧的有序结构向新的有序结构进化。方法是在林业应对气候变化的进程中,选择、设计合理的系统功能结构(运行机制)和有效的动力约束机制,对系统进行内外部关系协调管理,增强负熵持续流入,抵消林业应对气候变化系统正熵的产生,使林业应对气候变化系统始终处于有序的耗散结构状态、不断进化。

概括而言,在林业应对气候变化的进程中,由林业三大产业各种活动复合而成的林业应对气候变化复合系统内部各要素在宏观上经常不断地发生变化,林业应对气候变化复合系统的微观状态在一段时间内也会因各状态参量的变化和相干作用出现波动,从而涨落就不可避免地发生了。涨落使得林业应对气候变化复合系统功能发生变化,使整个林业应对气候变化复合系统结构失去稳定性(比如:森林火灾、各种病虫鼠害、极端气候变化以及对森林的过度开发利用等导致森林面积、蓄积及林分发生变化),并间接破坏既定的林业三大产业间的耦合协同关系,使整个林业应对气候变化复合系统的发展失去可持续性。但经过一段时间的演化,由于林业应对气候变化复合系统内各要素之间相互作用的机制发生变化,林业应对气候变化复合系统相空间中的快、慢参量因相互制约而相对稳定地协同运动,又有可能达到新的稳定状态。从稳定到不稳定,从有序到无序,又从不稳定到稳定,从无序到有序,周而复始,螺旋式地朝着预定的目标态发展是该林业应对气候变化复合系统演化或运转的必然方式。在此过程中,林业减排增汇的目标起着支配整个林业应对气候变化复合系统活动序参量的作用。该林业应对气候变化复合系统中造林、林产工业等分属林业第一、二、三产业的各子林业系统的协调性、同步性、竞争性等耦合协同作用,以及该林业应对气候变化复合系统与林业分类经营、CDM、森林生态效益补偿、森林采伐限额管理等外部体制和动力约束机制等政策环境之间的相互作用是实现林业应对气候变化复合系统有序的条件。

第五节　系统整合构建林业应对气候变化政策机制体系的思路

"机制"一词最早源于希腊文,泛指一个系统中各元素之间相互作用的过程和功能。最初指机器的构造和工作原理。生物学和医学通过类比借用此词,指有机体的构造、功能及其相互作用关系。现已广泛应用于自然现象和社会现象,指其内部组织和运行变化的规律。理解机制这个概念,主要把握两点:一是事物各个部分的存在是机制存在的前提,因为事物有各个部分的存在,就有一个如何协调各个部分之间的关系的问题。二是协调各个部分之间的关系一定是一种具体的运行方式;机制是以一定的运作方式把事物的各个部分联系起来,使它们协调运行而发挥作用的。[69]在任何一个系统中,机制都起着基础性的、根本的作用。在理想状态下,有了良好的机制,甚至可以使一个社会系统接近于一个自适应系统——在外部条件发生不确定变化时,能自动地迅速做出反应,调整原定的策略和措施,实现优化目标。这种机制的建立,一靠体制,二靠制度。也可以说,通过与之相应的体制和制度的建立(或者变革),机制在实践中才能得到体现。

管理机制是指管理系统的结构及其运行机理。管理机制以管理系统的结构为基础和载体,本质上是管理系统的内在联系、功能及运行机理。对一般管理系统,管理机制主要包括运行机制、动力机制和约束机制。[69]这三大机制也是管理机制的一般外在形态。

其中,运行机制是指管理系统基本职能的活动方式、系统功能和运行原理,其本身具有普遍性。

动力机制是管理系统产生动力的机理,这种动力既有精神推动力,也有物质推动力,并且市场经济条件下这种动力归根到底来自系统内部不同行为主体对自身经济利益的追求。动力机制是指在利益导向驱使下,将管理系统内部各行为主体的利益同管理系统整体目的之间有机结合,通过激发管理系统内各行为主体的利益动机,使各行为主体及主体内部各类人员产生积极行为的动力,进而形成管理系统运行所必需的动力。管理系统的效能由其动力机制派生,管理系统动力的强弱取决于其动力机制,动力机制由体制、政策等加以引导和塑形。动力机制的设计要使被管理者在追求自身目标的同时,客观上也正好达到机制设计者所预期的目标。其实质就是通过一定的经济利益机制,充分调动与发挥各主体的积极性、主动性和创造性。动力机制与激励机制的主要区别在于,前者着眼于组织整体,发掘组织成员的积极性,引向组织目标,并且辅以必要的约束与控制,形成一个针对工作动力的管理系统;后者着眼于组织个体,研究不同的机制对人的激励作用,揭示不同假设条件下的最优机制,但不能站在系统整体的高度研究组织中人的动力问题,至于纷繁复杂的管理情境如何应对,如何与管理理论相衔接,则超出了研究者的视野。[70]

"约束"原指对物体位置及其运动条件所加的限制,也可指控制、管束。约束机制是指为规范管理系统各行为主体的行为,充分发挥其作用,使管理系统有序运转,而经法定程序制定和颁布执行的具有规范性要求、标准的规章制度和手段的总称。约束机制是一种管理者依据法律法规、价值取向和文化环境等,对管理对象之行为从物质、精神等方面进行制约和束缚以使其行为收敛或改变的机制。约束机制是一种将管理系统各行为主体的行为限制在不越出规定范围的制约机能。约束机制包括国家的法律法规、行业标准、组织内部的规章制度,以及各种形式的监督等。市场经济体制下,约束机制作为具体的制度安排,是"政府对经济行为的管理或制约";是以矫正和改善市场机制内在的问题为目的,政府干预和干涉经济主体活动的行为,它"包容了市场经济条件下政府几乎所有的旨在克服广义市场失败现象的法律制度以及以法律为基础的对微观经济活动进行某种干预、限制或约束的行为"。如果说动力机制的作用是激发与强化,具有内外互动性,那么约束机制的作用就是制约与整合,具有外在强制性。约束机制的功能是限制与目标相悖的行为,将管理系统各行为主体的内驱力整合与集束起来,避免能量的损失,形成更强的动力。

政策是指国家政权机关、政党组织或其他社会政治集团为了实现自己所代表的阶级、阶层的利益与意志,以权威形式标准化地规定在一定的历史时期内应该达到的奋斗目标、遵循的行动原则、完成的明确任务、实行的工作方式、采取的一般步骤和具体措施。由于社会经济巨系统的复杂性,各项政策并不是独立地在起作用,而是彼此相互影响、相互作用,形成各种政策机制体系。政策机制是为实现管理目标服务的,属于管理机制范畴,反映着整个政策体系的构成,及其各构成部分之间相互促进、相互制约、互为因果的联系,以及作用、运行机理。

构建促进林业减排增汇,积极应对气候变化的政策机制体系的主要思路是:以系统科学为方法论指导,将各项涉及林业应对气候变化的政策机制系统地整合成由运行机制、动力机制和约束机制构成的政策机制体系。

其中,运行机制体现了由各种林业活动耦合协同而成的林业应对气候变化复合系统的系统功能及其基本职能的活动方式。根据前述林业在应对气候变化领域的重要作用和林业应对气候变化的作用机理分析,本书认为:林业碳增汇、碳贮存和碳替代是当前林业应对气候变化的主要运行机制(详见第二章第二节)。动力机制是以经济手段为主进行引导和调节,旨在引导和激励各林业主体的行为,促进林业碳增汇、碳贮存和碳替代,其中又以促进碳增汇和碳替代作为动力机制的主要着力点。在促进碳增汇和碳替代方面,对公益林和商品林又采取不同的政策机制。对于公益林来说,由于其功能定位为发挥生态效益和社会效益,根据公共物品理论、外部性理论、管制性征收理论等生态补偿理论,政策机制的主要出发点为公共财政补偿;对于商品林来说,由于其功能定位为提供林产品,发挥经济效益,政策机制的主要出发点为市场引导手段,积极探索市场机制的应用空间。约束机制主要以法律法规等强制性约束为主,旨在规范和约束各林业主体的行为,促进林业碳增汇、碳贮存和碳替代,其中又以促进碳贮存作为约束机制的主要着力点。1949 年新中国成立以来,我国基本形成了以《森林法》为主体,其他相关林业法律、法规、规章相辅相成的林业法律体系。其中,林业法律有 10 部,林业行政法规有 17 件,林业部门规章 42 件,此外,还有地方人大、政府制定的地方性林业法规和地方政府林业规章 400 多件。这些法律、法规、规章构成了有关促进林业碳增汇、碳贮存、碳替代约束机制体系的主要内容。

在明确林业应对气候变化的运行机制的基础上,动力机制和约束机制相结合,不断对由林业碳增汇、林业碳贮存和林业碳替代三大运行机制耦合成的复合系统输入负熵流,促使该复合系统形成正反馈作用机制(即林业碳增汇、林业碳贮存和林业碳替代之间形成一种相互促进的正反馈作用,详见第一章第二节至第四节及第二章第二节),走向耦合、协同共生,表现出协同进化的发展趋势,目的是使该复合系统始终处于一种有序的耗散结构状态,最优地实现其应对气候变化的系统功能(如图 1-2 所示)。

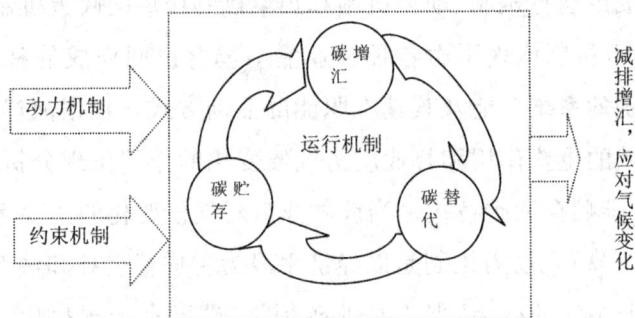

图 1-2　林业应对气候变化政策机制复合系统示意图

第六节　系统科学视角下林业应对气候变化政策机制综合评价的思路框架

对林业应对气候变化政策机制进行综合评价研究,关键在于确定从什么角度去评价,以及用哪些指标、什么样的方法去评价。

(1)从普遍意义上理解林业在应对气候变化领域的作用,将我国林业发展的各项现行政策机制当中与林业应对气候变化相关的内容作为评价对象,综合评价研究我国现行林业发展的各项有关政策机制在应对气候变化方面的效率,及其相互协调情况。

(2)将我国现行的、零散分布的各项与林业应对气候变化相关的政策机制进行梳理,系统整合成由运行机制、动力机制、约束机制构成的林业应对气候变化政策机制体系。其中,由碳增汇、碳贮存和碳替代构成的运行机制体系是林业应对气候变化政策机制体系功能组成的体现,反映了林业应对气候变化的基本职能及其活动方式,三者之间并非相互独立,而是存在着相互影响、相互作用的关系,使三者之间的相互作用关系呈现出一种耦合协同进化的正反馈作用机制是发挥好林业减排增汇、应对气候变化作用的关键;动力机制和约束机制则是管理当局为了履行好林业碳增汇、碳贮存、碳替代基本职能而采取的各种对林业行为主体的行为进行引导与激励、规范与约束的措施的集合。

（3）由于林业碳增汇、碳贮存、碳替代三大运行机制体现着林业应对气候变化的基本职能，三者间存在着耦合协同进化的正反馈作用机制，因此，由运行机制和动力机制、约束机制构成的林业应对气候变化政策机制体系又可以视为一个由碳增汇政策机制子系统、碳贮存政策机制子系统和碳替代政策机制子系统相互作用耦合而成的政策机制复合巨系统，动力机制和约束机制可以视为碳增汇政策机制子系统、碳贮存政策机制子系统、碳替代政策机制子系统及其复合成的林业应对气候变化政策机制复合巨系统的输入，而运行机制的运行结果则可以视为碳增汇政策机制子系统、碳贮存政策机制子系统、碳替代政策机制子系统及其复合成的林业应对气候变化政策机制复合巨系统的输出。

（4）从评价的可操作性及数据的可获得性考虑，从现有相关统计指标中筛选或者设计能够代表性地反映林业应对气候变化各项动力约束机制主要内容的指标作为输入指标，能够代表性地反映林业应对气候变化三大运行机制主要内容的指标作为输出指标，构建出林业应对气候变化政策机制综合评价指标体系。

（5）在构建出的林业应对气候变化政策机制综合评价指标体系基础上，选择合适的评价方法模型，对林业应对气候变化政策机制复合巨系统及其碳增汇政策机制子系统、碳贮存政策机制子系统、碳替代政策机制子系统的综合效率水平进行综合评价；对碳增汇政策机制子系统、碳贮存政策机制子系统、碳替代政策机制子系统分别与林业应对气候变化政策机制复合巨系统以及碳增汇政策机制子系统、碳贮存政策机制子系统、碳替代政策机制子系统三者之间的协调状态进行综合评价；对碳增汇政策机制子系统、碳贮存政策机制子系统、碳替代政策机制子系统对整个林业应对气候变化政策机制复合巨系统的协同作用方向与协同作用程度进行综合评价。

本章小结

本章在对系统科学理论及林业在应对气候变化领域的重要作用进行总结概括的基础上,重点对林业应对气候变化的耦合机理和系统特征进行分析研究,在此基础上提出系统整合构建林业应对气候变化政策机制体系框架的总体思路,以及对林业应对气候变化政策机制进行综合评价研究的思路框架,旨在为后续章节的展开提供理论支撑。

(1)对系统科学的科学体系、发展阶段和基本观点进行总结概括,为本书提供方法论指导。

(2)对林业在应对气候变化领域的重要作用进行总结概括,在此基础上,以系统科学这一现代管理思想所具有的一种普遍思维方法为指引,对林业应对气候变化的作用机理进行分析,指出应对气候变化的各种林业活动相互耦合成一个复合系统,该复合系统同时又是一个典型的耗散系统,存在着熵值增加的自发趋势。

(3)为实现积极应对气候变化这一管理目标服务的林业应对气候变化的政策机制体系作为一种管理机制,应由运行机制、动力机制和约束机制构成,以运行机制体现由各种林业活动耦合而成的林业应对气候变化复合系统的系统功能及其基本职能的活动方式,以动力机制和约束机制对各种运行机制耦合成的复合系统输入负熵流,促使该复合系统走向耦合、协同共生,表现出协同进化的发展趋势,目的是使该复合系统始终处于一种有序的耗散结构状态,最优地实现其应对气候变化的系统功能。

(4)提出了系统科学视角下林业应对气候变化政策机制综合评价的思路框架。

第二章 我国林业应对气候变化的政策机制体系

本章旨在将我国现行的、零散分布的各项有关林业应对气候变化的政策机制进行梳理,系统整合成由运行机制、动力机制、约束机制构成的林业应对气候变化政策机制体系,并对该政策机制体系的具体结构、组成内容进行分析和阐述,为科学合理地设计林业应对气候变化政策机制综合评价指标体系、选择合适的综合评价方法模型、对林业应对气候变化政策机制进行科学的定量综合评价研究奠定基础。

第一节 新时期我国林业概况及林业发展战略

一、新时期我国林业发展概况

经过全社会的共同努力,我国森林资源快速增长。根据第七次全国森林资源清查结果[71],除香港、澳门和台湾地区外,全国有林地面积18138.09万公顷,森林面积 19333.00 万公顷,森林覆盖率 20.36%,比 1949 年的8.6%净增 11.76 个百分点,活立木总蓄积 145.54 亿立方米,森林蓄积133.63 亿立方米。全国天然林面积 11969.25 万公顷,占有林地面积的65.99%;天然林蓄积114.02 亿立方米,占全国森林蓄积的85.33%。全国人工林面积6168.84 万公顷,占有林地面积的34.01%;人工林蓄积 19.61亿立方米,占全国森林蓄积的 14.67%。按林种(功能)划分,公益林、商品林面积分别占 52.41% 和 47.59%。其中,公益林面积中防护林 8308.38 万公顷、特种用途林 1197.82 万公顷;商品林面积中用材林 6416.16 万公顷、薪炭林 174.73 万公顷、经济林 2041 万公顷(其中油茶林 320 万公顷)。按土地权属划分,国有林 7246.77 万公顷,集体林 10891.32 万公顷,分别占 39.95% 和 60.05%。按林木权属划分,国有的 7143.58 万公顷,集体经营的 5176.99 万公顷,个体经营的 5817.52 万公顷,分别占 39.38%、28.54% 和 32.08%。我国森林面积居俄罗斯、巴西、加拿大、美国之后,列世界第五位;森林蓄积量居巴西、俄罗斯、美国、加拿大、刚果民主共和国之后,列世界第六位。我国人工林保存面积 6168.84 万公顷,蓄积 19.61 亿立方米,人工林面积列世界第一。[73]

但从总体上看,我国森林资源仍存在总量不足、质量不高、分布不均衡的问题。我国的森林覆盖率只有世界平均水平 30.3% 的 2/3,人均占有森林面积不到世界人均占有量 0.62 公顷的 1/4,人均占有森林蓄积量仅相当于世界人均占有蓄积量 68.54 立方米的 1/7 强。造林良种使用率仅为 51%,与林业发达国家的 80% 相比,还有很大差距。除香港、澳门和台湾地区外,在我国现有森林中,中、幼龄林比重较大,面积占乔木林面积的 67.25%,蓄积量占森林蓄积量的 40.03%。林地方面,根据第七次全国森林资源清查结果,全国林地总面积 30378.19 万公顷,占国土面积的 31.6%;森林覆盖率 20.36%。[72]林地中,有林地 18138.09 万公顷,灌木林地 5365.34 万公顷,疏林地 482.22 万公顷,未成林造林地 1132.63 万公顷,苗圃地 45.4 万公顷,迹地(含采伐迹地和火烧迹地)709.61 万公顷,宜林地 4403.54 万公顷,林业辅助用地 101.36 万公顷,并且未来通过退耕还林、矿山废弃地复垦、石灰岩治理恢复等,林地面积再增加仍有潜力。从地域分布上看,我国东北的大、小兴安岭和长白山,西南的川西川南、云南大部、藏东南,东南、华南低山丘陵区,以及西北的秦岭、天山、阿尔泰山、祁连山、青海东南部等区域,森林资源分布相对集中;而地域辽阔的西北地区、内蒙古中西部、西藏大部,以及人口稠密、经济发达的华北、中原及长江、黄河中下游地区,森林资源分布较少。[73]

森林资源是重要的可再生资源,在提高森林生产力的基础上,扩大森林利用量,加快木材战略储备生产基地建设,全面提高基地木材产出率,提升林产工业,加快木材加工产业结构调整,积极培育林业生物产业、新能源产业和新材料产业等林业战略性新兴产业,进行森林资源永续利用,不但可以带来可观的经济效益,而且可以实现林业碳增汇、碳贮存和碳替代的正反馈良性互动,进一步放大林业的生态效益。

十一五期间,我国林业产业继续保持了较快发展势头,我国林业产业初步形成了以市场需求为导向、基地建设为手段、精深加工为带动、多主体共同发展的新格局。龙头企业不断涌现,企业建基地,基地连农户的模式对产业发展推动作用明显。2008 年虽然受金融危机及自然灾害等因素的影响,林业产值增速放缓,但林业产业总产值仍达到 14400 亿元,2010 年达 22779.02 亿元,比 2009 年增加 5285.29 亿元,增长 30.21%,其中第一、二、三产业分别增长 23.11%、36.24% 和 29.43%,林业三次产业的产值结构由 2009 年的 41.30:49.84:8.86 调整为 39.05:52.14:8.81。分地区看,东部 10 省林业产业总产值比重较大,占全部林业产业总产值的 48.68%;中部 6 省林业产业总产值为 4574.59 亿元。东部省份增长较快,比 2009 年增长 34.98%。林业产业总产值超过 1000 亿元的省份共有 9 个,广东、山东、浙江、福建位居前四。一是经济林产品的种植与采集业成为林业第一产业的亮点。2010 年,新造经济林面积 111.09 万公顷,比 2009 年增长 10.81%。各类经济林产品总量达到 1.26 亿吨。二是以木、竹加工为主的林业第二产业主要产品产量持续增长。2010 年木材产量恢复增长,达到 8089.62 万立方米,比 2009 年增长 14.45%。锯材产量持续增长,产量为 3722.63 万立方米,比 2009 年增长 15.26%。人造板产量快速增长,产量达到 15360.83 万立方米,比 2009 年增长 33.03%。其中,胶合板 7139.66 万立方米,比 2009 年增长 60.40%;纤维板 4354.54 万立方米,比 2009 年增长 24.82%;刨花板产量 1264.20 万立方米,比 2009 年下降 11.66%;其他人造板 2602.43 万立方米(细木工板占 63.49%),比 2009 年增长 19.61%。木竹地板产量快速增长,达到 4.79 亿平方米,比 2009 年增长 26.92%。其中,实木地板 1.12 亿平方米,占全部木竹地板产量的23.32%;复合木地板 2.68 亿平方米,占全部木竹地板的 55.97%;其他木地板 5979.62 万平方米,占全部木地板产量的 12.48%;竹地板 3940.40 万平方米,占全部木地板产量的 8.22%。2010 年,全国木制家具总产量 26073 万件,比 2009 年增长 27.18%。木浆产量 708 万吨,比 2009 年增长 28.49%。竹材产量为 14.30 亿根,比 2009 年增长 5.42%。三是森林旅游业等战略性新兴产业成为林业第三产业新的增长点。四是花卉苗木产业已发展成为综合性朝阳产业。2010 年末实有花卉种植面积 76.40 万公顷;切花切叶 125 亿支;盆栽植物 29 亿盆;观赏苗木 57 亿株;草坪 3.23 亿平方米。[74]

二、新时期我国林业发展战略

新时期,我国政府为林业确立了全面实施以生态建设为主的林业发展战略和以发展现代林业、建设生态文明、推动科学发展为主题,更好地完善林业三大体系,更好地凸显林业四大地位,更好地履行林业四大使命,更好地发挥林业五大功能(三大体系:指现代林业建设的三大目标,即构建完善的林业生态体系、发达的林业产业体系、繁荣的生态文化体系。四大地位:温家宝总理在中央林业工作会议上指出,"在贯彻可持续发展战略中林业具有重要地位,在生态建设中林业具有首要地位,在西部大开发中林业具有基础地位……在应对气候变化中林业具有特殊地位"。四大使命:回良玉副总理在中央林业工作会议上指出,"实现科学发展,必须把发展林业作为重大举措……建设生态文明,必须把发展林业作为首要任务……应对气候变化,必须把发展林业作为战略选择……解决'三农'问题,必须把发展林业作为重要途径"。五大功能:中央林业工作会议明确赋予林业五大功能,即生态、经济、社会、碳汇和文化功能。)的战略目标。[75]

围绕上述战略和目标,以森林分类经营管理作为森林经营总体布局,将现有森林按功能划分为公益林和商品林。公益林(防护林、特种用途林)的主要功能是发挥其生态效益和社会效益,商品林(用材林、薪炭林、经济林)则要承担社会、经济发展对林产品需求的重任。在这一总体布局下,为加强林业生态建设,发挥森林作为"大自然总调度室"的作用,提高我国森林资源的蓄积量,满足国民经济各部门对森林资源的需求,以实施林业重点工程为主要途径,走以大工程带动大发展的路子,按功能、区位、各区域自然地理特点和资源生态条件规划实施了天然林保护工程、退耕还林工程、"三北"防护林和长江中下游地区等重点防护林体系建设工程、京津风沙源治理工程、重点地区速生丰产林基地建设工程、野生动植物保护及自然保护区建设工程,这六大工程覆盖了我国97%以上的县,占国土面积的73%。上述六大工程中,天然林保护工程、退耕还林工程、重点防护林体系建设工程、京津风沙源治理工程、速生丰产林基地建设工程功能目标的具体实现手段包括种苗工程、造林(包括荒山荒地造林、退耕地造林、迹地更新、低产低效林改造)、封山育林(包括无林地封育和疏林地封育)、森林抚育、森林管护,以及森林采伐管理全部过程。

与此同时,在林业重点工程区外,推进城乡绿化美化,绿色通道、河渠湖库周边绿化,农田林网建设与矿区植被恢复,以及其他社会林业事业发展。加大造林绿化和森林经营力度,扩大森林面积,增加森林蓄积,提高森林质量,提升森林效益,以维护生态安全,保证木材等林产品供给,改善人居环境,兴林富民。

在实现新时期林业总体布局和战略目标的过程中,充分发挥林业碳汇功能,积极应对气候变化的重要性日益凸显,相关林业政策、机制建设已取得一些新突破,应对气候变化的林业政策机制体系基本形成。目前,这些政策机制已基本全面覆盖了从种苗、造林、封山育林到森林抚育、森林管护、森林采伐管理以及林业产业发展的全部林业过程。

第二节　林业应对气候变化的主要运行机制

根据前述林业在应对气候变化领域的重要地位和林业应对气候变化的作用机理分析,本书认为:林业碳增汇、碳贮存和碳替代是当前林业应对气候变化的主要运行机制(如图2-1所示),反映了林业应对气候变化的基本职能的活动方式和系统功能组成。

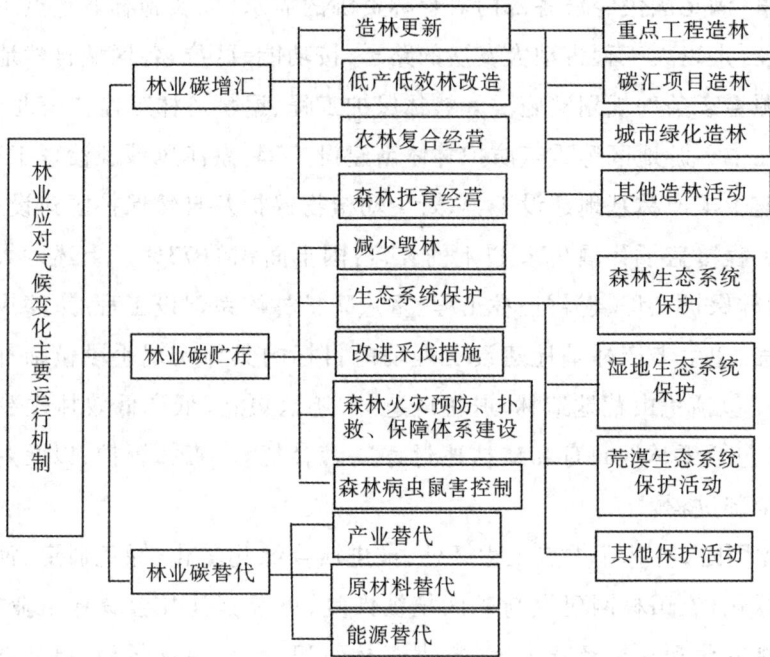

图 2-1　林业应对气候变化主要运行机制结构图

一、林业碳增汇

林业碳增汇是以充分发挥森林的碳汇功能,降低大气中二氧化碳浓度,减缓气候变暖为主要目的的林业活动。碳增汇活动包括造林更新、低产低效林改造、退化生态系统恢复、建立农林复合系统、加强森林抚育经营等提高林地生产力、增加陆地植被和土壤碳贮量的措施。

(一)造林更新

本书所指造林更新包括:以人工造林、飞播造林、封山育林等方式,在宜林荒山荒(沙)地、其他灌木林地造林;在生态脆弱区、重要生态区位25度以上陡坡耕地、严重沙化土地有规划有步骤地安排退耕还林;对采伐迹地、火烧迹地采取人工更新、人工促进天然更新、天然更新等方式恢复森林;对需要进行伐前更新以及郁闭度在0.5(不含)以下、林分结构不合理、不具备天然更新下种条件或培育树种需要在林冠遮阴条件下才能正常生长发育的林分,开展林冠下造林;城乡造林绿化;公路、铁路沿线及河渠湖库周边绿化;农田林网建设;矿区植被恢复。

造林更新,增加森林覆盖面积,利用森林植被和土壤较强的固碳贮碳能力来固定大气中的二氧化碳,被认为是增加森林碳贮量、提高森林碳汇功能、控制大气二氧化碳浓度增长趋势、减缓全球气候变化成本最低的措施[76],也是人为可控的最重要举措之一。据林业部门测算:一座20万千瓦机组的燃煤发电厂一年排放的二氧化碳,3.2万公顷人工林就能全部吸收;一架波音777飞机从北京到上海一天一个来回,一年排放的二氧化碳,1000公顷人工林就能全部吸收。造林后的森林生态系统的植物碳库增加是比较显著的,根据IPCC估算的参数,中科院中国陆地和近海生态系统碳收支研究课题组对我国2004年造林活动可以增加的植物碳库量进行了估算:我国2004年造林面积为55.66万公顷,可以固定大气中的二氧化碳约2767万吨/年。

我国造林绿化事业取得了举世瞩目的成就。一是森林资源快速增长。据第七次全国森林资源清查结果显示:全国森林面积19333.00万公顷,列世界第五位,森林覆盖率20.36%,森林蓄积133.63亿立方米,列世界第六位;人工林面积6168.84万公顷,其规模和发展速度均居世界第一。在全球森林资源总体呈下降趋势的情况下,我国造林绿化快速增长,实现了森林面积和森林蓄积双增长,森林碳汇大幅度增加,为应对全球气候变化做出了积极的贡献。二是林业重点工程建设成绩显著。1999—2009年林业重点工程完成造林4167万公顷。2005—2009年期间,人工林新增面积中74.13%来源于林业重点工程。工程治理区域森林覆盖率大幅提高,生态防护能力显著增强,局部地区生态状况明显改善。我国目前正在实施的植树造林计划主要为退耕还林工程、"三北"防护林及长江中下游地区等重点防护林工程、天然林保护工程、京津风沙源治理工程、野生动植物保护和自然保护区工程,以及速生丰产林基地建设工程六大林业重点工程造林活动,用以促进林业碳增汇。其中:退耕还林工程涉及 25 个省和新疆维吾尔自治区,计 1897 个县,到 2010 年完成退耕地造林和宜林荒山荒地造林累计 3200 万公顷,工程区森林覆盖率提高了 3 个多百分点,水土流失和风沙危害明显减轻;"三北"防护林及长江中下游地区等重点防护林工程的目标是在 1978—2050 年期间规划造林总面积 3508.30 万公顷,其中,1978 年实施以来累计造林 3179.32 万公顷,工程区森林覆盖率提高了近 1.5 倍;天然林保护工程到 2010 年累计新增森林面积 867 万公顷;京津风沙源治理工程造林计划与退耕还林造林工程是重叠的;野生动植物保护和自然保护区工程,以及速生丰产林基地建设工程是在原有森林用地基础上的再建设。[72] 三是全民义务植树蓬勃开展,累计参加人次达到 127.3 亿,植树 588.96 亿株。四是城乡绿化快速发展。全国城市建成区绿化覆盖面积 149.45 万公顷,绿化覆盖率 38.22%,城市人均公园绿地面积 10.66 平方米。此外,我国碳汇项目造林再造林活动也得到了较快发展,对吸收大气中二氧化碳等温室气体也起到了一定的作用。

2008 年 10 月 29 日,我国首次发布的《中国应对气候变化的政策与行动》白皮书,充分肯定了植树造林对控制温室气体排放、提高适应气候变化能力的作用。[77]

(二)低产低效林改造

低产低效林就是效益低下的森林林木,其基本特点是树种结构不合理、林分质量差、森林蓄积量和生长量小,"远看郁郁葱葱,近看稀稀松松",既不能充分发挥供氧固碳、保水固土的生态效益,也难以充分发挥供给木材、保证原料的经济效益,当然也就谈不上充分发挥其社会效益。因此,低产低效林改造是国际社会公认的改善树种结构、提升林分质量、提高林地生产力、最大限度提高三大效益的森林经营措施。[78]

商品林区中只要是林地生产力明显低于所在立地条件生产水平,单位面积林木生长较慢、产量较低的林分,以及受自然、人为等因素影响,林分质量不高的低价值有林地、灌木林地、疏林地等,都属于低产低效林改造的对象。凡在商品林区之内,符合改造条件的有林地、灌木林地、疏林地等地类,皆可纳入改造实施的范围。

我国当前的低产低效林改造工作本着以下 6 条基本原则来展开:分类经营、分区施策的原则;政府引导、群众自愿的原则;资源保护、产业发展、农民增收的原则;因地制宜、依靠科技的原则;科学规划、稳步推进的原则;主体明确、多渠道筹资的原则。在上述原则中,把握好分区施策和群众自愿原则又是重中之重。在分区施策方面,主要是结合各地实际,因地制宜,分类指导,采取结构调整、树种更替、补植补造、封山育林、林分抚育、嫁接复壮等多种方式进行改造,避免为了简单省事而搞"一刀切"。在群众自愿方面,凡纳入低产低效林改造的林地,都由林权所有者提出申请,经县级林业行政主管部门同意才实施改造工作,以此切实尊重林权所有者的意愿,依法维护林权所有者的权益。

(三)农林复合经营

农林复合经营,又称为农用林业、混农林业或农林业,是指为了一定的经营目的,在综合考虑社会、经济和生态因素的前提下,在同一土地经营单元上,遵循生态学原理,以生态经济学为指导,有目的地将林业与农业(包括牧业、渔业)有机地结合起来,采取时空排列或短期相同的经营方式,以提高对土地、空间、光、温度、水分和肥料的利用率,形成一个包含农、林、牧、副等多种产业的多组分、多层次、多生物种群、多功能、多指标的综合性开放式人工生态经济巨系统[79],增加边际土地的生产力,保持水体和能源,使单位土地上获得最大的效益。农林复合经营是一种充分利用自然力的劳动密集型集约经营方式,有复合性、系统性、集约性、高效性、尺度的灵活性等特征。[80]目前我国的农林复合业类型在北方有林粮间作、林木间作和林副间作;在南方有林药间作、林菜间作;在水网地区有林渔复合型、林渔副复合型。[81]十一五期间,我国农田林网控制率达到74%,我国农林复合系统现已形成了以农田林网为主体,结合各类农林间作模式带网片点合理配置,多林种和多树种有机结合,时间上有序列、空间上有层次,三大效益兼备的农林复合体系。[82]与单一栽培模式相比,农林复合经营不仅产生了显著的生态效益[83]、可观的经济效益[84]、良好的社会效益,更使生态景观得到了极大改善。研究表明,农林复合生态系统建成后,对农业生态环境能够起到一定的调节作用,特别是对改善局部小气候因子、保持水土、增加土壤肥力、吸收空气中的二氧化碳、降尘及增加生物多样性等方面均产生了良好的影响。[85]发展农林复合经营是实现生态效益和经济效益双赢的战略措施。[86]

(四)森林抚育经营

造林绿化"三分造、七分管"。森林经营是实现林业发展方式转变的重要途径,是现代林业建设的永恒主题。将森林经营放在与植树造林同等重要的地位,坚持一手抓造林绿化,一手抓抚育经营,才能实现森林数量与质量相统一。我国森林目前的单位蓄积量不到世界平均水平的一半,原因是我国现有大面积的森林属于生物量密度较低的次生林,其固定二氧化碳能力仅为91.75吨/公顷,大大低于全球中高纬度地区157.81吨/公顷的平均值[87]。通过对现有森林进行合理经营管理,延长森林的采伐作业周期,加强森林资源的抚育间伐管理,切实优化森林结构,使森林具有合理的林分密度,促进森林生长,可以不断提高林地生产力,增加森林的实际生物量,提高森林固碳速度和固碳能力,提高森林固碳总量。通过对森林的抚育经营,我国森林质量有所提高,"十一五"期间全国完成中幼林抚育3133万公顷,乔木林每公顷蓄积量平均增加1.15立方米,每公顷年均生长量增加0.30立方米,每公顷株数平均增加57株,混交林比例上升9.17个百分点。根据IPCC估算的参数,中科院中国陆地和近海生态系统碳收支研究课题组对我国森林生长积累的植物有机碳量进行了估算,结果表明,我国森林生态系统的植物碳增长量为66100万吨/年,其中经济林、天然林和人工林分别是10610万吨/年、28960万吨/年和26530万吨/年,分别占森林植物碳增长总量的16.1%、43.8%和40.1%。

二、林业碳贮存

森林是一个巨大的碳库,合理地保护利用好森林,有利于发挥森林的固碳功能。相反,过度砍伐、毁林开荒等人为干扰活动,以及林火、森林病虫鼠害的发生则会损害森林的固碳功能,并使森林由碳汇转变为碳源。林业碳贮存,即保护和维持现有的森林生态系统中贮存的碳,减少其向大气中的排放。碳贮存主要措施包括减少毁林、加强现有生态系统的保护、改进采伐作业措施,以及更有效地控制森林灾害(林火、病虫鼠害)。

（一）减少毁林

毁林有广义和狭义之分。广义的毁林包括盗伐、滥伐等一切违法的人为因素造成的森林或者其他林木被损害的行为;狭义的毁林是指行为人违法进行开垦、采石、采脂等活动而损害森林或者其他林木的行为。本书所指的毁林为广义毁林。

砍伐森林是全球森林资源面临的最大威胁,森林破坏已成为继化石燃料燃烧之后大气中二氧化碳浓度增加的第二大人为排放源。减少毁林,可以实现碳封存,减少碳排放。降低毁林速率是减缓大气浓度上升的更直接手段。[88]为此,我国目前积极推进森林资源管理,建立健全保障森林可持续经营的采伐管理机制,建立了国家级公益林监管长效机制,加强森林资源监督和林政稽查,加强资源监测体系建设。另外,毁林引起的土地利用变化,如将森林转化为农业用地、放牧用地等,以及对森林的破坏性采伐等,对森林生物量和碳贮量的影响也十分巨大。因此,统筹林地保护与利用,加强林地林权保护基础建设,全面加强林地林权管理也已成为我国当前积极促进碳贮存的重要措施之一。

十一五期间,我国林业工作站、木材检查站等基层机构得到稳定发展,森林资源监督体系建设取得重大突破。22 个省区市及新疆生产建设兵团成立了林业站管理机构,地市级林业站 300 个,县级林业站 2295 个,全国乡镇林业站总数达 28806 个;全国木材检查站总数 4236 个,木材检查人员 2.9万人;向全国派驻了 14 个森林资源监督专员办事处,森林资源监督实现了除港、澳、台外的全覆盖。林业案件查处率大幅提高。

（二）生态系统保护

中国领土广阔,生态系统丰富多样,包括森林、草甸、草原、湿地等。建立和健全天然林保护机制、野生动植物保护和自然保护区建设机制、湿地保护机制、防护林保护机制等生态系统保护机制,不但可以保护生态系统,而且可以保护和维持生态系统中的碳含量。第七次全国森林资源清查结果显示,全国天然林面积11969.25万公顷,占有林地面积的65.99%;天然林蓄积114.02亿立方米,占全国森林蓄积的85.33%,可见天然林保护在整个森林固碳领域占据着举足轻重的位置。天然林资源保护工程1998年实施以来有效保护天然林1.01亿公顷,减少森林资源消耗3.65亿立方米。再以湿地生态系统为例,我国现有湿地3848.55公顷(不含水稻田湿地),目前仅有近40%的自然湿地纳入保护区。按湿地保护规划,根据IPCC估算的参数,中科院中国陆地和近海生态系统碳收支研究课题组进行了估算:恢复被开垦的0.1亿公顷湿地面积的30%,约可增加固定28.16亿吨二氧化碳。目前全国共建立湿地自然保护区550多处,国家湿地公园试点100处,国际重要湿地37处,以自然保护区为主体、湿地公园和湿地保护小区等多种方式并存的湿地保护体系正在逐步形成。林业系统已建立各级各类自然保护区2012处,总面积12288.2万公顷,约占国土面积的12.8%,其中,国家级247处,面积7701.89万公顷。

(三)采伐作业措施改进

通过改进采伐作业措施,可以提高采伐的效率,减少碳排放;可以降低森林采伐对林木和土壤碳的扰动影响,降低保留木的破坏率,保护现有森林碳贮存。加强采伐后林中剩余物的管理和利用,也可以降低森林向大气中的二氧化碳释放量。通过目前业已实行的伐区调查设计制度、采伐工人操作技术培训制度、集材和清林作业管理制度、伐区作业质量检查验收制度,并由国家投资或补贴对采伐工具设备进行及时更新,我国的木材采伐作业质量合格率已达90%以上。根据IPCC估算的参数,中科院中国陆地和近海生态系统碳收支研究课题组对我国森林采伐损失的植物碳库进行了估算:2004年我国的林木采伐量为5197.33万立方米,损失的植物碳为2066万吨/年。

（四）森林灾害防范及控制

加强林火灾害、病虫鼠害等森林生态灾害的防范与控制（如强化森林火灾预防、扑救、保障三大体系建设；加强林业有害生物防治，切实加强以检疫御灾、监测预警、应急防控和服务保障四大体系为主体的林业有害生物防控体系建设，组织开展林业植物检疫联合执法行动，大力推进以生物防治为主的无公害防治措施；强化林业应急体系建设，按照"预防为主、积极消灭，科学防控、依法处置"的原则，建立和完善重大林业灾害应急体系，包括处置重特大森林火灾应急预案，重大外来林业有害生物灾害应急预案，重大林业生态破坏事故应急预案；建立森林灾害评估监测体系），提高应对森林灾害的能力，可以减少对林木和土壤干扰所产生的碳排放，不但能够逐渐增加长期的森林生态系统的碳贮量，而且可以达到保护生物多样性和发挥生态系统服务功能的目的，进而确保我国森林资源安全和维持森林碳贮量。根据IPCC估算的参数，中科院中国陆地和近海生态系统碳收支研究课题组对我国森林火灾损失的植物碳库进行了估算：2004年全国森林火灾发生次数为13466次，受灾面积为34.42万公顷，排放二氧化碳约1194万吨。

十一五期间，我国的森林防火工作得到进一步加强，森林火灾综合防控能力显著提高，年均森林火灾受害率低于1‰，好于同期林业发达国家的平均水平。林业有害生物防治工作取得长足进展。初步建立了监测预警、检疫御灾、应急防控三大体系，已建成各级林业有害生物防治检疫站3111个，国家级中心测报点1000个，对重点危险性松材线虫病和美国白蛾实行了管理，主要有害生物发生面积进一步得到控制，成灾率下降到5‰。

三、林业碳替代

通过发展传统和新兴低碳林业产业替代传统高碳林业产业，发展耐用木质林产品替代能源密集型材料，利用可更新的木质燃料（如能源人工林）和回收利用的采伐剩余物替代传统的化石能源，可以减少碳排放。

（一）产业替代

不同的产业其碳排放强度存有差异，有高碳排放产业、碳中性和低碳排放产业之分。通过大力发展传统和新兴低碳林业产业，如森林培育业、营林管护业、生态休闲旅游业、生物产业等替代高碳林业产业，可以减少碳排放。在生态优先的前提下，以市场需求为导向，充分发挥森林资源绿色环保和可再生等特点，立足于多种森林资源的综合开发利用，我国的竹产业、名特优新经济林产业、花卉和林木种苗业、森林旅游业、非木质林产品采集及加工业等得到了较大的发展。其中，竹产业发展的重点地区：一是浙江、江苏南部、江西、湖南、安徽南部等地区，主要是发展竹板用竹产业、竹笋及其加工产业等出口导向型竹产业；二是广东南部、福建东南沿海重点发展竹浆产业及其资源培育产业；三是四川、重庆、云南、贵州等结合天然林保护工程和退耕还林工程发展生态经济兼用竹林、竹浆造纸。名特优新经济林产业发展的重点区域：一是热带与亚热带水果经济林产业带；二是以山西、陕西、河北、山东、甘肃、宁夏等为重点的干鲜果品经济林产业带；三是长江中上游药用植物等经济林产业带；四是以江西、湖南等省为重点的油茶等木本食用油料经济林产业带。花卉和林木种苗业发展的重点地区：一是北京、河北、上海、海南等地的绿化种苗产业带；二是云南、广东、上海、辽宁等地的切花切叶类产业带；三是广东、北京、上海、天津、浙江、河北等地的高档盆花及观叶植物产业带。森林旅游业主要在东北、华北、东南沿海、华南、西南高山峡谷地区，已培育东北内蒙古原始森林游、草原风情游等十多条森林生态旅游线路，形成点线带结合的森林旅游产业，全国年森林旅游达5亿人次。非木质林产品采集及加工业重点在东北国有林区和西南国有林区，结合天然林保护工程发展具有地方特色的非木质林品采集及加工业，并向产业化、品牌化方向发展。

（二）能源替代

利用清洁且可再生的林业生物质能源替代传统的化石能源，能够有效降低碳排放量。林业生物质能源是仅次于煤炭、石油、天然气的第四大战略性能源。发展林业生物质能源，主要是利用宜林荒山荒地以及不适宜种植粮食作物的沙地、盐碱地等边际性土地进行开发建设，用林木的果实或籽粒提炼柴油,用木质纤维燃烧发电。林业生物质能源具有三大独特优点:清洁安全,不与农民争粮争地,可再生、可永续利用。在化石能源日益枯竭的情况下,林业生物质能源是发展低碳经济的理想能源,发展林业生物质能源已成为世界各国能源替代战略的重要选择,前景十分广阔。我国林业生物质能源资源丰富,种子含油量在40%以上的木本油料树种有154种,典型的如麻疯树、黄连木等,此外每年还有可利用的枝丫剩余物约3亿吨[88]。大力发展经济林,特别是木本粮油经济林,大力发展林业生物质能源,部分替代化石能源,可以降低碳排放。在我国一些地方,薪材是一种重要的农村能源,按IPCC估算的参数,中科院中国陆地和近海生态系统碳收支研究课题组根据现有的1998年的统计资料,我国薪材使用量为1.47亿吨,换算成损失的有机碳量为73.56百万吨碳。

我国的能源林基地建设已成为我国生物质能源和可再生能源的重要组成部分。其发展的重点地区:一是黑龙江、吉林、辽宁及内蒙古东部;二是河南、河北、山东、陕西、山西;三是湖北、湖南、广东、广西、福建、浙江、云贵地区。在这些地区,充分利用边际土地开发油桐、义冠果、光皮树、麻风树、黄连木、沙棘等乡土树种;在条件适宜的地区开发利用引进能源树种,如已引种成功的绿玉树、能源柳、黑荆树等;已经建成一批生物柴油、生物酒精等能源林示范基地。生物质高效能转化发电技术、定向热解气化技术和液化油提炼技术正在积极开发当中,并探索建设一批林木质电站。

(三) 原材料替代

即增加木质林产品使用,替代钢材、水泥、铝材、塑料等能耗密集型产品,降低碳排放。木材、钢铁、水泥是经济建设不可或缺的、世界公认的三大传统原材料,其中,木材是绿色、环保、可降解的原材料。不同的材料其能源密集程度和含碳率不同,钢铁、水泥、铝材、塑料、砖瓦等都属于能耗密集型产品,在一定程度上都有可能被木材替代。通过材料替代,不但可增加陆地碳贮存,还可以减少这些原材料在生产过程中向大气的边际碳排放。尽管部分木质产品中的碳最终将通过分解作用返回大气,但森林资源的可再生性可将这部分碳吸收回来,最终避免化石燃料燃烧引起的不可逆转的净碳排放。我国是木材消耗大国,利用国内 3 亿公顷林地解决木材供应问题,对降低能耗和减少温室气体排放的意义十分重大。我国速生丰产用材林基地建设的重点区域:一是南方原料林产业带,主要建设短周期短纤维浆纸原材料林,适量发展周期较长的热带和亚热带珍贵用材树种;二是长江中下游原料林产业带,主要培育以欧美杨、松类为主的工业原料林,兼顾周期较长的大径级用材林;三是黄淮海平原工业原料林产业带,主要发展毛白杨、欧美杨等浆纸和人造板原料林;四是国有林场和森工企业定向培育各种珍稀树种,如东北地区的黄波罗、水曲柳、核桃秋三大硬阔叶树。人造板制造业主要发展以人工速生材、小径材、低质材为原料的人造板品种,适度发展以大径材为原料的人造板品种。人造板制造业主要区域:一是南方人造板产业集群和东北人造板产业集群;二是以河北、山东、江苏、浙江等省为重点的人造板产业集群。

需要注意的是,在进行能源替代和产业替代时,要注重提高木材综合利用效率。要解决树木生长慢、消耗快的矛盾,提高社会对木材消费的水平,同时又要减少碳排放,一个有效的办法是提高木材综合利用效率。通过发展林木"三剩物"、次小薪材等资源化利用,综合利用废弃木质资源,开发利用林业生物质能源,鼓励回收再利用废旧木材及废旧木制品,可以提高木材综合利用率,降低分解和碳排放速率;发展木材改性、防腐、抗虫和阻燃技术,增加木质林产品寿命,可减缓其贮存的碳向大气排放。

林业是典型的低碳产业之一,其在应对气候变化领域的重要地位已成为全世界的共识。在全球气候变化的大背景下,人类社会经济活动进入了低碳时代,林业的碳增汇、碳贮存和碳替代功能也为林业发展拓展了新的空间。过去林业的发展以生产和利用木材为主,品种单一、科技含量不高、附加价值不大;随着应对气候变化需求的增长,林业发展向森林经营、木材利用、休闲旅游、生物质能源循环利用等综合利用方式转变,走上多元立体生态开发的可持续发展道路[89]。在此过程中,林业的碳增汇、碳贮存和碳替代机制并非相互独立,而是具有密切的联系和鲜明的因果关系,它们相互影响、相互促进、相互制约,耦合成一个动态、开放的复合系统(如图 2 - 2 所示)。充分发挥该复合系统的减排增汇功能,使其对气候变化产生充分有效反应的关键在于准确把握三种运行机制的作用关系,并在此基础上通过各种动力机制和约束机制不断对三种运行机制构成的复合系统输入负熵流,促使其形成一种正反馈机制(如图 2 - 2 所示),走向耦合、协同共生,表现出协同进化的发展趋势,使系统始终处于一种有序的耗散结构状态。

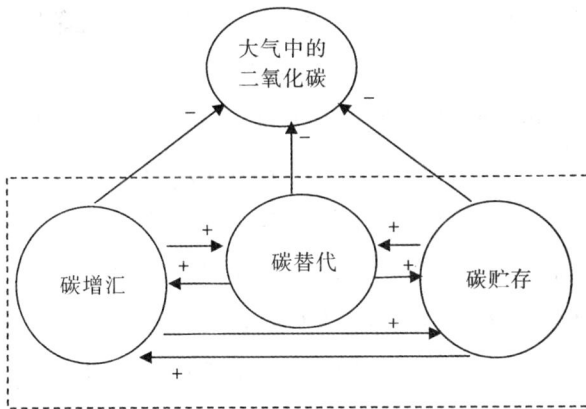

图 2—2 林业应对气候变化主要运行机制正反馈因果关系图

第三节 林业应对气候变化的主要动力机制

一、中央财政对林业的生态建设投入

中央林业资金仍主要以工程资金的形式注入林业,对国家林业生态建设重点工程实行全额预算、工程管理。天然林资源保护工程、退耕还林工程、"三北"和长江中下游地区等重点防护林体系建设工程、京津风沙源治理工程、野生动植物保护及自然保护区工程等 5 大林业重点生态工程是主要投入对象。2010 年中央林业资金投入 5 项工程的资金总量达 444.87 亿元,占全部中央林业资金的 47.08%。[73]

（1）天然林资源保护工程是我国投资最大的生态工程，主要解决长江上游、黄河上中游地区，东北、内蒙古等重点国有林区和其他地区的天然林资源保护、休养生息和恢复发展的问题。[90]天然林保护工程从 1998 年开始试点，2000 年国务院决定在全国 17 个省（区、市）正式启动天然林保护一期工程（2000—2010 年），2011 年天然林保护二期工程（2011—2020 年）正式启动。天然林保护工程目标是通过调减木材产量、分流富余人员，使长期过量采伐的天然林资源得到休养生息。为此，一是继续实施森林管护补助政策。具体补助标准见表 2 - 1。二是完善社会保险补助政策。补助标准为：以 2008 年各省（区、市）职工社会平均工资的 80% 为缴费基数，其中基本养老、基本医疗、失业、工伤和生育的缴费比例分别为 20%、6%、2%、1% 和 1%。三是完善政策性社会性支出补助政策。其中，教育、医疗卫生、政府 3 项经费补助政策是：以 2008 年底教育、医疗卫生、政企合一机关事业等单位实有国有职工数量为依据，不包括离退休职工、混岗职工、临时工等，教育补助提高到 3 万元/（人·年）；长江上游和黄河上中游、东北和内蒙古等重点林区的卫生补助，分别提高到 1.5 万元/（人·年）和 1 万元/（人·年）；工政企合一的政府机关事业单位 3 万元/（人·年）。公检法司经费：1.5 万元/（人·年）。消防、环卫、社区管理等社会公益事业单位补助标准：中央财政按照 2008 年底人数和各省（区、市）年社平工资的 80% 测算了补助资金，中央财政补助的前提是移交地方政府管理。四是继续实行公益林建设投资补助政策。标准为：人工造林 300 元/亩①，封山育林 70 元/亩，飞播造林 120 元/亩。五是增加森林培育经营补助政策。标准为：120 元/亩。天然林保护二期工程取消了已结束的种苗、科技支撑、森林防火项目，以及国有和混岗职工一次性安置项目；继续对公益林建设（包括人工造林、封山育林、飞播造林）、森林管护、职工社会保险（包括基本养老、基本医疗、失业、工伤和生育）、政社性支出（文教、卫生、公检法司、政府经费）进行补助并相应提高补助标准；增加的项目有，东北、内蒙古等重点国有林区的后续资源培育（包

---

① 1 亩 = 666.7 平方米。

括人工造林和改造培育,其中中央财政投入标准为:人工造林300元/亩,森林改造培育200元/亩),国有中幼林抚育,天然林保护工程区集体林中的国家级公益林补偿、地方级公益林的管护补助,以及支持企业分离广播电视、城市环保、社区管理等公益事业的改革资金。

表2−1　中央财政森林管护补助标准

林权权属	林　　种		商品林
	公益林		
	国家(级)公益林	地方(级)公益林	
国有林	5元/(亩·年) (森林管护补助费)	3元/(亩·年) (森林管护费)	—
集体所有林	10元/(亩·年) (森林生态效益补偿金)	3元/(亩·年) (森林管护费)	—

注1:森林管护费是指中央财政下达的专项用于管护国有(包括地方所有)森林资源所
　　发生的各项经费支出;

注2:森林生态效益补偿金是指中央财政对集体和个人所有的国家级公益林安排的补助
　　资金

天然林保护二期工程不再安排国有职工一次性安置,而是通过继续实施公益林建设、森林管护,以及新增中幼林抚育、后备资源培育等建设任务增加就业岗位,保证工程区所有职工充分就业。仅新增的中幼林抚育和森林培育两项任务,就可以新增就业岗位24.88万个。

(2)退耕还林工程是我国林业建设上涉及面最广、政策性最强、工序最复杂、群众参与度最高的生态建设工程,主要解决重点地区的水土流失问题。这是调整国土利用结构、增加森林覆盖、治理泥沙危害的根本性措施。该工程于1999年首先在陕西、甘肃、四川3省试点,2000年3月推向长江上游和黄河上中游地区,试点工作正式启动;2001年3月该工程被正式列入《中华人民共和国国民经济和社会发展第十个五年计划纲要》,2002年退耕还林工程全面启动。退耕还林(草)的基本政策是对退耕户给予粮食补贴、零花钱补助、种苗费补助,引导农民退耕还林和在荒山荒地上进行配套造林,主要是生态公益林。[91]退耕还林补助标准为:①粮食,黄河和海河流域每亩退耕地每年100千克,长江和淮河流域每亩退耕地每年150千克。补助粮食一般为小麦原粮。补助年限,还草补助2年,经济林补助5年,生态林补助暂按8年计算。②现金,每亩退耕地每年补助现金20元。补助年限和粮食补助相同。③种苗和造林费,每亩一次性补助50元(宜林荒山荒地、荒滩、荒沙造林补助标准,只补助种苗和造林费,每亩一次性补助50元)。④退耕还林要以营造生态林为主,营造的生态林比例以县为核算单位,不得低于80%,经济林比例不得超过20%。坡度在25度以上的坡耕地(含梯田)、水土流失严重或泛风沙严重及一切生态地位重要地区必须营造生态林,要按照先陡坡后缓坡的原则进行退耕还林,还林后实行封山管护。在雨量较多、生物生长量大的缓坡地区,可大力发展速生丰产林、竹林和生态经济兼用林,适当发展经济林,对超过20%的经济林地,只补助种苗费。⑤退耕还林粮款补助对象为实施退耕还林的个体农户。尚未承包到户及休耕的坡耕地、沙荒地、荒滩地造林,只给予每亩50元的种苗补助。

(3)"三北"和长江中下游地区等重点防护林体系建设工程是我国涵盖面最大、内容最丰富的防护林体系建设工程。该工程的实施,主要解决"三北"地区的防沙治沙问题和其他区域各不相同的生态问题。这是构筑覆盖全国的完整的森林生态体系、保护和扩大中华民族生存与发展空间的历史性任务。"三北"和长江中下游地区等重点防护林体系建设工程包括:"三北"防护林体系建设四期工程、长江流域防护林体系建设二期工程、珠江流域防护林体系建设二期工程、沿海防护林体系建设二期工程、太行山绿化二期工程、平原绿化二期工程。工程涉及28个省(自治区、直辖市)的1696个县,计划造林2267万公顷,管护森林7187万公顷。

(4)京津风沙源治理工程是首都乃至中国的"形象工程",也是环京津生态圈建设的主体工程,主要解决首都周围地区的风沙危害问题。工程建设区西起内蒙古的达茂旗,东至河北的平原县,南起山西的代县,北至内蒙古的东乌珠穆沁旗,地理坐标为东经 109°30′—119°20′,北纬 38°50′—46°40′。范围涉及内蒙古、河北、山西、北京和天津的 75 个县(旗、市、区),总土地面积为 45.8 万平方千米。

中央财政对"三北"和长江中下游地区等重点防护林体系建设工程、京津风沙源治理工程的基本政策与天然林保护工程和退耕还林工程是一致的,在此不再赘述。

(5)野生动植物保护及自然保护区建设工程是一个面向未来、着眼长远、具有多项战略意义的生态保护工程,主要解决基因保存、生物多样性保护、自然保护、湿地保护等问题。这是林业生态保护和建设的精华所在。该工程于 2001 年 6 月经国家计委批准启动。根据国家重点保护野生动植物的分布特点,将野生动植物及其栖息地保护总体规划在地域上划分为东北山地平原区、蒙新高原荒漠区、华北平原黄土高原区、青藏高原高寒区、西南高山峡谷区、中南西部山地丘陵区、华东丘陵平原区和华南低山丘陵区共 8 个建设区域。截至 2009 年底,林业应对气候变化复合系统自然保护区已达 2012 处,总面积 1.23 亿公顷,占全国国土面积的 12.8%。通过中央财政投入,全国野生动植物资源繁育基地、保护区管理和科研建设成效显著。截至 2009 年底,共有野生动物种源繁育基地 431 个,野生植物种源培育基地 244 个;野生动物园 69 个,植物园 64 个,狩猎场 142 个;野生动植物保护管理站 4526 个,野生动植物科研及监测机构 638 个,鸟类环志中心(站)122 个。

(6)对未纳入国家重点工程的林业生态建设实行普惠制,中央财政对营造林给予补助。同时,逐步完善林业重点工程的配套政策。将森林防火、有害生物防治、林木种苗,以及林权保护管理、林业行政执法体系等方面的装备和基础设施建设纳入基本建设规划和相关营造林工程规划。[92]

二、生态补偿制度和林业补贴制度

(1)为保护公益林资源,维护生态安全,根据《中华人民共和国森林法》和《中共中央 国务院关于加快林业发展的决定》(中发〔2003〕9 号),各级政府按照事权划分建立森林生态效益补偿基金。中央财政安排专项资金建立中央财政森林生态效益补偿基金(简称中央财政补偿基金)。森林生态效益补偿基金用于公益林的营造、抚育、保护和管理。中央财政补偿基金平均标准为每年每亩 5 元。其中 4.75 元用于国有林业单位、集体和个人的管护等开支;0.25 元由省级财政部门列支,用于省级林业主管部门组织开展的重点公益林管护情况检查验收、跨重点公益林区域开设防火隔离带等森林火灾预防以及维护林区道路的开支[93]。

重点公益林所有者或经营者为个人的,中央财政补偿基金支付给个人,由个人按照合同规定承担森林防火、林业有害生物防治、补植、抚育等管护责任。重点公益林所有者或经营者为林场、苗圃、自然保护区等国有林业单位或村集体、集体林场的,中央财政补偿基金的管护开支范围是:重点公益林管护人员购买劳务、建立森林资源档案、森林防火、林业有害生物防治、补植、抚育以及其他相关支出。

(2)建立健全中央财政林木良种补贴、造林补贴、森林抚育补贴、湿地保护补助、绿化机具购置补贴等财政补贴制度,将 7 类林业有害生物防治器械品目纳入补贴范围。

财政部和国家林业局决定从 2010 年起开展林木良种补贴试点工作。2010 年中央财政林木良种补贴资金主要用于国家重点林木良种基地补贴和林木良种苗木培育补贴。其中,国家重点林木良种基地补贴的试点对象为全国 29 个省、自治区、直辖市,内蒙古、龙江、大兴安岭森工(林业)集团公司和新疆生产建设兵团的 131 处国家重点林木良种基地。试点任务是改善 131 处国家重点林木良种基地生产条件,提高良种供应能力。补贴标准为种子园、种质资源库每亩分别补贴 600 元,采穗圃每亩补贴 300 元,母树林、试验林每亩分别补贴 100 元。[94]林木良种苗木培育补贴的试点对象为河北、山西、内蒙古、辽宁、吉林、黑龙江、浙江、安徽、福建、江西、山东、河南、湖南、广东、广西、重庆、四川、云南、陕西、宁夏、新疆、甘肃等 22 个省(自治区、直辖市)国有育苗单位使用林木良种,采用组织培养,轻型基质、无纺布和穴盘容器育苗,幼化处理等先进技术培育的良种苗木。补贴标准为每株良种苗木平均补贴 0.2 元。试点省可根据实际情况,确定不同树种苗木的补贴标准。[95]

财政部和国家林业局 2011 年继续开展造林补贴试点工作。补贴范围为各省、自治区、直辖市、计划单列市,新疆生产建设兵团,内蒙古、龙江、大兴安岭森工(林业)集团公司。补贴对象为使用先进技术培育的良种苗木在宜林荒山荒地、沙荒地人工造林和迹地人工更新,面积不小于 1 亩(含 1 亩)的林农、林业合作组织以及承包经营国有林的林业职工。补贴标准:中央财政造林补贴试点资金包括造林直接补贴和间接费用补贴。其中,造林直接补贴是对造林主体造林所需费用的补贴,补贴标准为:(1)人工造林。乔木林和木本油料经济林每亩补助 200 元,灌木林每亩补助 120 元,水果、木本药材等其他经济林每亩补助 100 元,新造竹林每亩补助 100 元。(2)迹地人工更新,每亩补助 100 元。造林直接补贴应全部落实到造林主体。享受中央财政造林补贴营造的乔木林,造林后 10 年内不准主伐。间接费用补贴是对试点县组织开展造林补贴试点有关政策宣传、作业设计、技术指导、检查验收、档案管理等工作所需费用的补贴,补贴标准为中央财政造林补贴总额的 5%。[96]

扩大了森林抚育补贴试点范围,对承担森林抚育试点任务的国有森工企业、国有林场等国有林业单位以及村集体、林业职工和农民给予森林抚育补贴。补贴标准为平均每亩 100 元。补贴资金用于森林抚育有关费用支出,包括间伐、修枝、除草、割灌、采伐剩余物清理运输、简易作业道路修建等生产作业的劳务用工和机械燃油等直接费用以及作业设计、检查验收、档案管理、成效监测等间接费用。[97] 抚育规模达到 306.93 万公顷,覆盖全国 2525 个县(森工局、国有林场等)。

在内蒙古、新疆、西藏、青海、四川、甘肃、宁夏和云南等 8 个主要草原牧区省区和新疆生产建设兵团,全面建立了草原生态保护补助奖励机制。对生存环境非常恶劣、草场严重退化、不宜放牧的草原,实行禁牧封育,中央财政按每亩每年 6 元补助禁牧牧民;对禁牧区域以外的可利用草原,在核定合理载畜量的基础上,中央财政对未超载的牧民按每亩每年 1.5 元给予草畜平衡奖励;从畜牧良种补贴、牧草良种补贴方面支持草原生产方式转变,对每户牧民给予 500 元的生产资料综合补贴。

启动实施了湿地保护财政补助,加大了林业国家级自然保护区补助力度。

实行林业机具购置补贴,18 种林机具纳入补贴范围,加快林业机械化、现代化发展步伐。[98]

实行生物防治国家补贴政策,加大生物防治措施的应用力度,提高国家级森林病虫害中心测报点补助标准。

三、支持林业改革与发展的财税、金融支持政策与配套措施

研究制定深化集体林权制度改革、木本油料产业和林业生物质能源发展的财政税收支持政策、金融扶持政策及配套措施。

(1)十一五期间,按照《中共中央 国务院关于全面推进集体林权制度改革的意见》的总体部署,各地积极推进集体林权制度改革,明晰产权、承包到户的主体改革任务取得重大突破。全国有 17 个省(区、市)基本完成了明晰产权、承包到户的改革工作。截至 2010 年底,确权集体林地达到 1.62 亿公顷,占总面积的 88.6%,其中已发林权证面积 1.34 亿公顷,7260 多万农户拿到了林权证,3 亿多农民直接受益[92]。集体林权制度改革真正实现了山定权、树定根、人定心,极大地调动了农民发展林业的积极性,解放了林业生产力,农民育林护林积极性空前高涨,开始呈现出森林资源增加、农民群众增收、林业经济增长、林区社会和谐稳定的良好局面,被誉为我国农村土地经营制度的又一次重大变革,成为我国经济体制改革的一大亮点。

为全面深化林权改革,配套改革逐步深入。一是建立健全覆盖集体林业的公共财政制度,包括建立常规化、鼓励性的造林成本补贴制度,推进林业税费改革。[99]二是加大农民林业专业合作社、产权交易中心、林改工作经费等的投入力度。[98]深入推进集体林权制度改革,确立农民的林业经营主体地位,引导林业经营者在产权明晰的基础上,组建合作经济组织,促进林业规模经营。三是建立健全林权抵押贷款制度,创新担保机制,加大信贷投放力度,出台了林权抵押贷款指导意见,明确了贷款对象、用途和条件及重

点支持领域等政策。贷款对象包括从事合法生产经营活动的农户、个体经营户、企业、事业单位以及农村经济合作组织、专业合作经济组织等。贷款主要用于林业生产经营、森林资源培育和开发、林产品加工和满足农民生产生活资金需求等。四是建立健全集体林权交易流转制度和森林资源资产评估制度等配套措施。全国县级以上林权管理服务机构达 980 多家,林权交易逐步规范,林权纠纷仲裁和农民权益保护工作得到加强。五是深化林木采伐管理制度改革,进一步落实林权所有者对林木的处置权。

(2)在产业发展方面,明确了促进和扶持产业发展的 4 项政策措施。一是多渠道增加投入。二是加大信贷支持力度。三是落实税收、保险等相关优惠政策。四是切实保障投资者合法权益。

在不与粮争地的原则下,国家鼓励开发冬闲田、盐碱地、荒山、荒地等未利用土地,建设生物能源与生物化工原料基地。中央财政木本油料造林补助标准由每亩 160 元提高到每亩 200 元,整合支持木本油料产业发展的资金超过 40 亿元,林下经济、竹产业首次纳入农业综合开发扶持范围。对以"公司+农户"方式经营的龙头企业,国家对其原料基地给予适当补助。企业营造生物柴油原料林,经国家组织验收合格,中央财政按每亩 200 元给予补助。

以农林剩余物为原料的综合利用产品增值税即征即退政策长期执行,退税比例为 80%,其中,林业成型燃料、生物质发电退税比例达 100%。对林业综合利用产品实行税收优惠政策,对劳动密集型和高附加值林产品争取提高出口退税标准[100],推动低碳经济和劳动密集型企业发展。

为减轻农民和企业负担,对采伐林木(这里特指木材和竹材,不包括林副产品、经济林产品以及其他林产品)的单位和个人降低其育林基金征收标准,征收标准由 20% 降至 10% 以下,具备条件的地区可以将育林基金征收标准确定为零。育林基金专项用于森林资源的培育、保护和管理。使用范围包括:种苗培育、造林、森林抚育、森林病虫害预防和救治、森林防火和扑救、森林资源监测、林业技术推广、林区道路维护以及相关基础设施建设和设备购置等。林业部门行政事业经费,纳入同级财政预算,不得从育林基金中列支。[101]

进一步完善了林业贷款贴息政策,加大对林业建设的贴息贷款投入力度,尤其是中央财政贴息资金投入力度。中央财政的贴息对象与贴息范围为:林业龙头企业以公司带基地、基地连农户的经营形式,立足于当地林业资源开发、带动林区和沙区经济发展的种植业、养殖业以及林产品加工业贷款项目;各类经济实体营造的工业原料林、木本油料经济林以及有利于改善沙区、石漠化地区生态环境的种植业贷款项目;国有林场(苗圃)、集体林场(苗圃)、国有森工企业为保护森林资源,缓解经济压力开展的多种经营贷款项目,以及自然保护区和森林公园开展的森林生态旅游项目;农户和林业职工个人从事的营造林、林业资源开发和林产品加工贷款项目。对各省(含自治区、直辖市、计划单列市)符合规定条件的林业贷款,中央财政年贴息率为3%;对大兴安岭林业集团公司和中国林业集团公司符合本办法规定条件的林业贷款,中央财政年贴息率为5%。[102]在中央财政贴息率不低于3%,贴息期限不少于3年的基础上,建立相应的地方财政贴息政策,所需贴息资金由地方财政安排。

开发银行林业贷款重点扶持100家国家级林业重点龙头企业和10大特色产业集群,融资推动我国逐步形成森林资源培育、人造板、家具、木浆造纸、竹藤产品、林化产品、木本粮油产品、生物制药、林业机械制造和林业生物质能源等支柱产业。

建立面向林农的小额贷款和林业中小企业贷款扶持机制,适度放宽贷款条件,降低贷款利率,简化贷款手续。积极开展包括林权抵押贷款在内的符合林业产业特点的多种信贷融资业务。积极探索金融机构+担保公司+林户、金融机构+龙头企业+林户、林农联保贷款等多种贷款模式,增加林业经营者的融资渠道。

(3)建立健全森林灾害保险制度,建立和完善财政支持下的森林保险机制,中央财政加大了森林保险保费补贴力度,森林保险保费补贴试点稳步推进,公益林保费补贴比例提高到50%。截至2011年,21个省(区、市)森林保险投保面积达2600万公顷,保费4.3亿元。

四、林业发展市场体系建设

完善林业发展的市场体系,引导社会资金投入林业发展,大力培育林产品市场体系,建立和完善林产品市场准入制度。

(1)鼓励和引导多方面参与、多元化筹资投入造林绿化。鼓励以木材和其他林产品为原料的企业,与林业部门、林农、林农合作经济组织共同建设能源林、油料林、纸浆林、人造板原料林等基地,推进林工一体化进程。鼓励企业捐资造林,建立企业捐资开展碳汇造林机制。降低民间资本进入林业的门槛,在投融资、林木税费、林地使用、森林采伐利用等方面制定有利于社会资金进入林业的政策措施,促进平等竞争,为多元投资主体提供创业舞台,促进林业又好又快发展。

(2)根据市场经济规律,充分利用市场的调节作用,加强市场需求研究,及时搜集分析林产品市场信息,准确掌握行业和市场发展变化趋势,大力发展订单林业,按照市场需求组织林产品生产。

加大林产品消费政策引导,积极培育国内市场需求,加快建设区域性林产品市场,健全林产品市场流通体系。在稳定城市消费市场的基础上,结合新农村建设、灾后重建、山区综合开发、棚户区改造等工程,建立适应农民需要的农村林产品市场。充分发挥现有木材加工企业的生产能力,挖掘林产品城乡市场消费潜力,建立和完善多元、稳定、安全的林产品市场体系。

(3)建立林权交易平台、完善林业投融资体系,进一步激活林业经营机制、促进森林资源转化为林业资产、增强林业发展活力。中国林权市场刚刚起步,还是一个需要培育的市场,目前区域性的有南方林业产权交易市场、中国林业产权交易所和华东林业产权交易所,做得最好的是南方林业产权交易市场,已经引进了 120 亿元的银行资金,交易量也在逐步加大。

(4)推进 CDM 造林再造林碳汇项目在我国的实施(造林是指在过去至少 50 年以来的无林地上开展的人为造林活动;再造林则是指在自 1990 年 1 月 1 日以来的无林地上开展的人为造林活动)。研究表明,在《京都议定书》的第一个承诺期内,我国适宜开展 CDM 造林再造林碳汇项目的优先区域主要分布在我国中南亚热带常绿阔叶林带,南亚热带、热带季雨林、雨林带,青藏高山针叶林带及暖温带落叶阔叶林带。[103]实施的林业碳汇项目主要有以下两种:一是发达国家和发展中国家合作开展的清洁发展机制下的造林再造林碳汇项目。这类项目对造林地有特定要求,即在2008—2012年期间,这样的项目只能是造林和再造林活动。发达国家通常是购买在这样的土地上造林产生的碳汇以履行其在《京都议定书》中承诺的减排任务,一般不提供造林费用,且项目须履行较为复杂的国内和国际审批程序。联合国清洁发展机制执行理事会于2006年11月批准了"中国广西珠江流域再造林项目",该项目也是全球第一个获得注册的清洁发展机制再造林碳汇项目。该项目以混交方式栽植马尾松、枫香、大叶栎、木荷、桉树等树种,在未来的15年间,由世界银行生物碳基金按一定的价格购买该项目所产生的60万吨二氧化碳指标[104]。二是一些企业、组织、团体为积极参与应对气候变化行动,展示绿色形象,体现社会责任,自愿购买森林碳汇。

(5)发展碳汇交易市场。地球的CO_2排放空间是具有稀缺性的有限资源。稀缺的有限资源就必须分配,不分配就会产生浪费,从而更稀缺;分配后稀缺性就能大大缓解。这是一个不可违背的客观的环境、资源规律和经济规律。因此,CO_2排放权的交换将不可避免,交换的结果必然是碳汇的市场化、产权化。碳汇交易是基于《联合国气候变化框架公约》及《京都议定书》对各国分配二氧化碳排放指标的规定,创设出来的一种虚拟交易。[105]即因为发展工业而制造了大量的温室气体的发达国家,在无法通过技术革新降低温室气体排放量以使其达到《联合国气候变化框架公约》及《京都议定书》对该国家规定的碳排放标准的时候,可以为发展中国家提供资金和技术,在发展中国家实施具有温室气体减排效果的项目(包括投资造林项目),以增加碳汇、抵消碳排放,项目所产生的温室气体减排量列入发达国家履行《京都议定书》的承诺,抵减其应承担的温室气体排放量,以履行发达国家在《京都议定书》中所承诺的限排或减排义务。简单地说,所谓碳汇交易,就是发达国家出钱向发展中国家购买碳排放指标,是通过市场机制实现环境生态价值补偿的一种有效途径。

目前国际碳汇交易市场非常庞大,已经形成产业规模。预计到2030年,全世界碳汇交易可以达到上万亿美元。不仅如此,碳汇价格还随世界二氧化碳减排量的上升而上扬。在目前减排量为5.2%以内时,其二氧化碳排放指标价格为每吨10.7美元;如果减排量达到50%,则二氧化碳排放指标将达每吨200美元[106]。我国广西、内蒙古已开始大规模碳汇交易,北京也已经建立了碳汇交易中心。

在碳市场上,将森林碳汇作为可交易的商品之一,通过碳信用自由转换成温室气体排放权,帮助附件一国家完成温室气体减限排义务,就形成了森林碳汇市场。森林碳汇市场为森林生态服务功能提供了市场交换的方式,实现了森林生态价值的市场补偿,对于融资发展林业、保护生态环境具有重要意义。尽管交易中存在基线确定困难、交易成本高、交易风险大等种种问题,但碳汇交易为森林生态效益价值市场化提供了一条途径,解决了生态性森林建设管护活动中的资金问题。[105]

(6)设立中国绿色碳基金。碳基金是碳汇基金的简称,是一些国际金融组织为推动国际碳交易活动,实施一些合适的项目推动全球减缓温室气体排放和增强碳吸收的行动而专门设立的融资渠道,它具有资金专用性的基本特征。国际上通常指清洁发展机制下温室气体排放权交易的专门资金,是国际碳市场投融资的重要工具和主要交易主体之一。碳基金的基础在于碳排放权交易以及在此基础上产生的碳金融市场。

很多世界组织、国家和企业都相继建立了碳基金。世界上第一支碳基金是世界银行于1999年设立的1.80亿美元的原型碳基金。此后碳基金层出不穷,发展出了许多各具特点的碳基金。

经国务院批准,中国绿色碳汇基金于2010年7月19日在民政部注册成立,业务主管单位是国家林业局。该基金是在全球气候变化背景下诞生的中国第一个以应对气候变化、增汇减排、帮助个人和企业自愿减排为目标的全国性公募基金。基金主要投资方向是从京都和非京都碳市场(自愿市场)、政府和私人部门到最需要发展的领域中能够带来生物多样性保护、支持社区发展和减轻气候变化多重利益的项目。其主要开展的活动是:首先,实施以积累碳汇为主要目的的植树造林、森林经营管理、生物多样性保护及其他相关项目;其次,林业碳汇的计量与监测、碳汇技术标准的制定、碳汇管理政策的研究及碳汇相关信息的发布等;再次,开展森林与气候变化、林业碳汇、生物多样性保护等相关科学知识的普及、宣传、讨论和培训等社会公益活动;最后,对在开展碳汇造林、科研、宣传和与其相关的生物多样性保护等方面做出突出贡献的企业、组织、团体及个人进行表彰和奖励。借鉴国际碳基金模式运作的中国绿色碳汇基金,与之前公益性造林基金相比,有着根本的不同。前者最重要的功能在于,它能够为企业提供一个未来参与碳汇"自愿交易市场"的平台。根据绿色碳汇基金下一步的发展构想,在国家配套政策成熟之时,企业所获得的部分碳汇就有可能成为商业性项目,通过绿色碳汇基金进入市场。

中国绿色碳汇基金先期由中国石油集团捐资 3 亿元人民币,用于开展以吸收固定大气中二氧化碳为目的的植树造林、森林管理以及能源林基地建设等活动。据估算,中国石油集团的这些捐款用于造林,今后 10 年内将吸收固定二氧化碳 500 万吨至 1000 万吨。[107] 国家林业局批准首批中国绿色碳基金中国石油碳汇造林项目,已在北京、黑龙江、甘肃、河北、湖北、浙江、广东等 7 个省份试点实施。项目的实施对促进当地森林植被恢复、提高农民经济收入、减少大气中的温室气体浓度、改善环境起到重要作用,也为当地林业发展、林业投资增加了新的渠道。作为湖北省首个碳汇项目,中国绿色碳基金中国石油武汉市碳汇项目一期工程总投资 600 万元,其中中国石油出资 300 万元,武汉市江夏区政府按 1:1 比例配套资金 300 万元,营造碳汇林 400 公顷,建设期 20 年。

第四节 林业应对气候变化的主要约束机制

一、营造林质量监管制度

政府投入的造林绿化工程,逐步推行招投标管理制度,评标机构必须有造林绿化专家参加。规范造林绿化设计管理,定期对造林设计单位进行资质审查;工程造林组织有资质的设计单位进行作业设计,按规定程序审批。加强种子执法和苗木检验检疫工作,实行种源管理制度,强化林木种苗生产经营许可制度、标签制度、档案制度、检验检疫制度和主要林木品种审定制度。逐步推进施工队伍专业化,建立并推行施工单位资质证书制度。逐步实行工程造林监理制,建立营造林工程监理单位、监理工程师、监理员资格准入制度。推行造林绿化作业前科学设计、作业中全程监理、作业后严格验收的质量监管,坚持实行县级自查、省级核查、国家抽查的三级检查验收制度,保证造林绿化质量。加强森林经营模式总结推广,建立森林经营成效评价体系,定期公布森林抚育经营成效。

二、森林资源采伐管理机制

森林资源采伐管理机制旨在保障森林可持续经营,加强森林资源管理。

森林资源的增加是实现森林资源可持续发展和生态安全的关键。根据用生长量控制消耗量,合理经营和永续利用的基本原则,在各有关单位提出的年森林采伐限额指标的基础上,经过综合平衡并报国务院批准的年森林采伐限额,是每年以各种采伐方式对森林进行采伐的最高数量限制。审核发放采伐许可证的部门,所发放的采伐许可证准许采伐森林和林木的总量,不能超过批准的年森林采伐限额。[108]

森林采伐是进行森林调整的重要措施,是森林资源限额管理的源头,抓住采伐管理,就抓住了森林资源管理的根本。从伐区调查设计、核发林木采伐许可证至伐区拨交及伐区作业质量管理和伐区拨交验收,采取依法核发木材运输证、经营许可证制度对木材流通进行监督管理、规制运输和加工经营木材行为,它们构成了我国森林资源管理刚性制度的基本内容。

三、基本林地保护制度

把林地放在与耕地同等重要的位置严加保护,建立基本林地保护制度,统筹林地保护与利用,全面加强林地林权管理,保障林业发展空间。

（1）严格林地用途管制。林地是国家重要的自然资源和战略资源,是森林赖以生存与发展的根基,在保障木材及林产品供给、维护国土生态安全中具有核心地位,在应对全球气候变化中具有特殊地位。[109]国务院明确要求"要把林地与耕地放在同等重要的位置,高度重视林地保护"。2010年,《国务院关于全国林地保护利用规划纲要(2010—2020年)的批复》确定了全国45.57亿亩林地红线,进一步明确了林地用途管制和占用征收林地定额管理制度,严厉打击毁林开垦和违法占用林地,防止林地退化,减少林地逆转流失,巩固林业发展基础。国家每5年编制或修订一次征占用林地总额,并将总额指标按年度分解到省(区、市),按年度分解的占用林地年度定额实行"五年总控、年度调剂",加强占用征收林地审核审批管理。2011—2020年总额控制在105.5万公顷以内。国家林业局《关于下达"十二五"期间占用征收林地总额和2011年占用征收林地年度定额的通知》,明确国家下达的"十二五"期间占用征收林地总额,是各省"十二五"期间审核同意建设项目占用征收林地面积的上限,不得突破。

（2）科学划分林地保护等级,实行分级管理。坚持全面保护与突出重点相结合的原则,根据生态脆弱性、生态区位重要性以及林地生产力等指标,对林地进行系统评价定级,划定为Ⅰ级、Ⅱ级、Ⅲ级和Ⅳ级4个保护等级,实行林地分级保护管理。[72]Ⅰ级保护管理措施:实行全面封禁保护,禁止生产性经营活动,禁止改变林地用途。Ⅱ级保护管理措施:实施局部封禁管护,鼓励和引导抚育性管理,改善林分质量和森林健康状况,禁止商业性采伐。除必需的工程建设占用外,不得以其他任何方式改变林地用途,禁止建设工程占用森林,其他地类严格控制。Ⅲ级保护管理措施:严格控制征占用森林。适度保障能源、交通、水利等基础设施和城乡建设用地,从严控制商业性经营设施建设用地,限制勘查、开采矿藏和其他项目用地。重点商品林地实行集约经营、定向培育。公益林地在确保生态系统健康和活力不受威胁或损害前提下,允许适度经营和更新采伐。Ⅳ级保护管理措施:严格控制林地非法转用和逆转,限制采石取土等用地。推行集约经营、农林复合经营,在法律允许的范围内合理安排各类生产活动,最大限度地挖掘林地生产力。

（3）确保森林保有量，实行森林面积占补平衡。围绕不同时期森林覆盖率奋斗目标，根据各区林地保护利用方向、政策，综合经济社会发展水平、发展趋势，资源环境条件，林地利用现状和潜力等因素，分别确定国家及各省（区、市）森林保有量、征占用林地定额等林地保护利用的约束性指标，以及林地保有量、林地生产率、重点公益林地比率、重点商品林地比率等预期性指标，加强对有林地和生态脆弱地区灌木林地的保护，提高林地利用率，确保森林面积总量逐步增加。

强化对征占用林地的控制和引导，实行建设项目所在县级行政区域内的森林（有林地和国家特别规定的灌木林）占补平衡。征占用林地收缴的森林植被恢复费，必须优先用于统一安排植树造林，恢复的森林植被不得少于因征占用林地而减少的森林面积，并且不降低林地生产力。

本章小结

本章将我国现行的、零散分布的各项有关林业应对气候变化的政策机制系统整合成由运行机制、动力机制、约束机制构成的林业应对气候变化政策机制体系，并对其具体结构、组成内容，以及相互间的作用关系进行了定性分析和阐述，为对林业应对气候变化政策机制进行科学的定量综合评价研究奠定基础。

（1）新时期，我国应对气候变化的相关林业政策机制已取得一些突破，政策机制体系基本形成。这些政策机制已基本全面覆盖了从种苗、造林（包括：荒山荒地造林、退耕地造林、迹地更新、低产低效林改造）、封山育林（包括：无林地封育和疏林地封育）到森林抚育、森林管护、森林采伐管理，以及林业产业发展的全部林业过程。

（2）林业应对气候变化的运行机制体系由林业碳增汇、碳贮存和碳替代构成。对林业碳增汇、碳贮存和碳替代三大运行机制的具体内容进行了详细阐述，并且指出这三大运行机制并非相互独立，而是具有密切的联系和鲜明的因果关系，它们相互影响、相互促进、相互制约，耦合成一个动态、开放的正反馈复合系统,实现减排增汇、应对气候变化的功能。

(3)林业应对气候变化的动力机制体系主要由加大中央财政林业生态建设投入力度,建立生态补偿制度和林业补贴制度,完善支持林业改革与发展的财税、金融支持政策与配套措施,以及完善林业发展的市场体系构成,旨在以经济手段为主进行引导和调节,引导和激励各林业主体的行为,促进林业碳增汇、碳贮存和碳替代。

(4)林业应对气候变化的约束机制体系主要由营造林质量监管制度、森林资源采伐管理机制、基本林地保护制度构成,旨在规范和约束各林业主体的行为,促进林业碳增汇、碳贮存和碳替代。

(5)充分发挥林业的减排增汇功能,使其对气候变化产生充分有效反应的关键在于准确把握三种运行机制的作用关系,并在此基础上通过各种动力机制和约束机制不断对三种运行机制构成的复合系统输入负熵流,促使其走向耦合、协同共生,表现出协同进化的发展趋势,使系统始终处于一种有序的耗散结构状态,实现其应对气候变化的系统功能。

第三章 林业应对气候变化政策机制综合评价指标体系

气候变化导向下的林业政策机制体系是一个以碳增汇、碳贮存、碳替代三种主要运行机制为基础,以加大中央财政对林业生态建设投入力度、建立生态补偿制度和林业补贴制度、完善支持林业改革与发展的财税金融支持政策与配套措施、完善林业发展的市场体系等经济调节手段作为动力机制,以营造林质量监管制度、森林资源采伐管理机制和基本林地保护制度等强制性法律法规手段作为约束机制的复合、开放系统。动力机制和约束机制作为管理变量,是为了保证系统目标实现而对系统进行的输入;运行机制则反映了该系统本身的功能结构和运行机理,其运行效果是该系统的输出,反映了系统运行的质量和系统目标的实现程度。对林业应对气候变化政策机制复合系统进行科学、透彻的综合评价,必须在定性分析该复合开放系统的运行机理基础之上进行定量分析评价。而构建科学的评价指标体系是对被评价对象进行定量的系统评价研究的核心内容之一。

本章首先对相关领域的林业评价指标体系研究成果进行总结概括,在此基础上,结合本书的目的,从构建指标体系的意义和基本原则出发,综合运用理论分析法、专家意见法和频度分析法等指标筛选方法,按照一定的指标筛选程序,根据第二章对我国当前现行各项林业应对气候变化相关政策机制进行梳理、整合构建出的林业应对气候变化政策机制体系的具体内容,结合中国林业应对气候变化政策机制系统的特征,构建出一套相对完备的评价中国林业应对气候变化政策机制的指标体系,为系统评价中国林业应对气候变化政策机制提供方法准备。

第一节　相关领域林业评价指标体系研究现状

经过大量的文献检索,发现虽然林业在应对气候变化领域的重要地位已经取得国内外的普遍共识,但目前有关林业应对气候变化问题的研究主要集中在林学方面的森林生态系统碳汇潜力评价,以及个别相关政策机制(如CDM)的探讨上,尚没有展开有关林业应对气候变化政策机制综合评价指标体系方面的研究。但是,几十年来国内外开展了一些有关林业可持续发展评价指标体系、森林生态系统固碳潜力评价、CDM林业碳汇项目评价指标体系、低碳经济发展评价指标体系等方面的研究,这些研究为中国林业应对气候变化政策机制综合评价指标体系的构建提供了十分有益的参考。

一、林业可持续发展评价指标体系研究

目前主要从两方面进行林业可持续发展的测度研究:一是研究和制定各级森林可持续经营标准与指标体系,这方面的研究主要在森林可持续经营概念的指导下展开;二是研究区域林业或森林资源可持续发展指标体系,一般是将林业置身于区域社会－经济－自然复合系统中来开展研究。[110]

就目前的研究现状来看,森林可持续经营标准与指标体系的研究是在国际、国家及区域3个层次上进行的。迄今为止,已有9个大的组织或团体和150个国家参与了制定和实施森林可持续经营标准与指标的活动。在当前国际上已有蒙特利尔进程、赫尔辛基进程、塔拉波托倡议、中美洲进程、非洲干旱区进程、非洲木材组织进程、近东进程、亚洲干旱森林进程、热带木材组织进程。以上标准和指标大多数是在国家水平上,少数包含森林经营单位的标准和指标,也有包含区域和全球水平的标准。[111]

在上述几个行动深入研究、日趋完善的同时,世界上有许多国家(日本、新西兰、俄罗斯、美国、加拿大、印尼等)立足于本国实际,先后开展了国家森林可持续经营标准和指标的研究。1995年中国开始研制国家级及亚国家

级的森林可持续经营标准与指标体系,2002 年 10 月正式发布实施了《中国森林可持续经营标准与指标》。《中国森林可持续经营标准与指标》是国际广泛认同的蒙特利尔进程与中国国情、林情相结合的产物。这一指标体系共包括 8 个标准 72 个指标。目前,中国区域水平森林保护和可持续经营标准与指标已制定完毕(分为东北林区、西北林区、西南林区、热带地区、温带和北方地区 5 个大区)。[112]

1996 年,由联合国可持续发展委员会(UNCSD)及联合国政策与可持续发展部(DPCSD)牵头,联合国统计局(UNSTAT)、联合国环境规划署(UNEP)、联合国开发计划署(UNDP)、联合国儿童基金会(UNICEF)和亚太经社理事会(ESCAP)参加,结合《21 世纪议程》中各章节内容,在"驱动力 – 状态 – 响应"(即 DSR)概念体系和"经济、社会、环境、制度四大系统"概念模型的基础上,提出了一个初步的可持续发展核心指标体系框架。其中,人类的一些有可能造成区域不可持续发展的社会经济活动用驱动力指标来表示;对一定时间内组成区域系统的各子要素进行描述的指标为状态指标;针对驱动力类指标所反映的系统问题,人类为提高区域系统的可持续发展能力而采取的对策、措施用响应指标表示。这套指标体系共有 132 个不同类别的具体指标,其中响应类指标 37 个,状态类指标 53 个,驱动力类指标 42 个。[113]在这 132 项指标中,有关林业可持续管理的指标有 4 项——木材采伐强度(驱动力指标)、森林面积变化(状态指标)、森林管理面积比率(响应指标)和保护区面积占森林总面积的比例(响应指标),与之相对应的是《21 世纪议程》第 11 章。尽管该套指标体系在指标分类、指标所包括的信息量以及指标体系的可操作性方面仍存在一定的缺陷,但它的构建为其他国家和国际组织构建相应的指标体系提供了良好的参考依据和框架思路。

关于区域社会 – 经济 – 自然复合系统中林业的可持续发展研究,孟宪宇等在评价东北林区国有企业局可持续发展能力时提出用资源承载力指数、环境承载指数、生态质量指数、经济发展水平指数、技术管理水平指数及社会发展水平指数共 6 类指标和 16 个具体指标构成评价体系。[114]马阿滨等以森工林区可持续发展为目标,以森林生态效益持续发挥、林业经济效益不断提高、林区社会效益长期稳定为类指标，以择伐林地面积比例、第三产业产值比例、工资保障情况等 27 项为指标变量，提出了黑龙江森工林区可持续发展指标体系及其评价方法。[115]

二、森林生态系统固碳潜力评价研究

《京都议定书》将陆地生态系统作为一种重要的固碳措施。为此，IPCC 组织了世界各国的科学家编写了《土地利用、土地利用变化和林业优良做法指南》，作为指导各国进行陆地生态系统固碳潜力估算的方法指南。其中，森林生态系统的固碳潜力评价通常采用估算各个生态系统各组分碳库的变化量的方法。在评价时一般分别评价森林生态系统的森林植物和森林土壤中的有机碳变化。中科院中国陆地和近海生态系统碳收支研究课题组利用 LULUCF 提供的方法和基本参数，结合中国森林生态系统基本状况，对中国森林生态系统的固碳潜力进行了估算。在估算时，主要考虑了现有森林的生长、造林、森林采伐、薪材采集和森林火灾等造成的森林生态系统植物碳库的变化，利用森林面积，经济林、天然林、人工林的林分面积，造林面积，采伐面积，森林火灾受灾面积，薪材使用量等数据和 LULUCF 给出的参数进行估算。中科院中国陆地和近海生态系统碳收支研究课题组根据我国第六次森林清查资料的估算结果显示：中国森林生态系统现有森林生长累积的有机碳为 66101 万吨/年；造林活动引起的有机碳的增加量为 2767 万吨/年，只有森林生长积累的有机碳的 4.19%；森林采伐和森林火灾释放的有机碳为 3512 万吨/年，是森林生长积累的有机碳的 5.31%，是造林有机碳增汇量的 1.27 倍。与化石燃料消耗的二氧化碳释放量（1994 年的 755 万吨/年）相比，我国森林生态系统的固碳潜力是化石燃料二氧化碳释放量的 87.6%，造林的固碳潜力是化石燃料二氧化碳释放量的 3.67%；森林采伐和森林火灾释放的二氧化碳是化石燃料二氧化碳释放量的 4.65%。造林增加的森林生态系统植物碳库积累量小于森林采伐和森林火灾的植物碳库损失之和。在其他相关具体研究中采用的碳汇量的估算方法有很多，采取的手段也各不相同，有的利用气象技术从二氧化碳的测量入手，有的从生物量的抽样测量入手,而有的则从森林资源清查数据入手[116]。概括起来,常见的方法主要有:涡旋相关法、蓄积量法和生物量法。郁婷婷、李顺龙结合黑龙江省林业发展现状及发展规划,运用森林碳汇基本理论,提出了森林蓄积量扩展法——以森林蓄积(树干材积)为计算基础,通过蓄积扩大系数计算树木(包括枝丫、树根)生物量,然后通过容积密度(干重系数)计算生物量干重,再通过含碳率计算其固碳量。这样计算出来以立木为主体的森林生物量碳汇量。在此基础上,进一步根据树木生物量固碳量与林下植物固碳量之间的比例关系、树木生物量固碳量与林地固碳量之间的比例关系计算森林全部固碳量,并首次对黑龙江省森林碳汇容量和碳汇潜力进行了计算分析,结果表明:黑龙江省现有森林碳汇储量为17.38亿吨,碳汇潜力巨大。[117]陈先刚等收集云南省2000—2006年各类退耕还林面积和树种数据,设定2007—2010年间的6种年度造林与采伐情景,根据云南省森林资源清查中的人工林生长数据,拟合出各造林树种的经验生长曲线,并利用这些不同气候和立地条件下人工林的平均生长曲线,结合生物量扩展因子、木材密度和碳含量等参数,估算不同情景下的林木生物质碳贮量及其变化。结果表明:云南省退耕还林工程林木生物质碳贮量在2020、2030、2040和2050年将分别达到19.6—25.7、18.4—33.0、20.3—34.9和23.6—35.4(单位为百万吨碳)。退耕地造林林木生物质碳贮量占云南省退耕还林工程林木生物质碳贮量的33%—41%。[118]

三、CDM 林业碳汇项目评价指标体系研究

陈继红、宋维明指出根据目前国际上的不成文标准,一个碳汇项目要能成功通过核准和认证,其效益应具有多样性,即除了有增汇能力减缓气候变化外,还要有促进社区发展、保护生物多样性等可持续发展方面的重大效益;同时,林业碳汇项目本质上是通过市场化的手段来解决森林生态效益价值化的问题。他们还就如何评价 CDM 林业碳汇项目确立了定性与定量相结合的生态效益、经济效益与社会效益3大类指标。其中,生态效益指标包括气候效应、生物多样性、水质、土壤、植被地上和地下生物量及碳泄漏;经

济效益指标包括投入、收益、科技的改进及 GDP 的增长；社会效益指标包括就业情况、人居环境质量、公民参与意识及社会可持续发展能力。[119]罗勇、严员英等人用无林地状况(1990 年后)、生物多样性状况、林木生长率(单位面积林木年均蓄积生长量)、社会经济状况(人均年收入及造林成本等)4 大类指标分别对广东省和江西省清洁发展机制造林再造林碳汇项目发展潜力进行分析评价研究[120-121]。

四、低碳经济发展评价指标体系研究

李友华等人采用三次产业结构指标、能源消耗结构指标、单位能源消耗量、生物质能源利用指标、二氧化碳排放指标、温室气体排放指标、森林指标共 7 大类 21 个指标构建设了我国低碳经济综合评价指标体系。[122]赵国杰、郝文升认为低碳生态城市不仅以低碳发展为主要特征，更加注重自然 - 经济 - 社会复合生态系统的协调发展。基于这个思想构造了自然生态、经济低碳、社会幸福三维的低碳生态城市发展空间结构模型，并依此建立了包含生态指数、低碳指数、幸福指数三维目标的多层指标体系。借助空间向量思想提出了一种在度量生态指数、低碳指数、幸福指数和发展度、持续度、协调度的基础上，用发展有效等价值科学测度低碳生态城市发展水平的综合评价方法，并将其应用于天津低碳生态城市评价。[123]

综观以上所建立的评价指标体系，可以发现：一种是从系统科学的思想出发，根据所评价系统中包含的要素来建立评价指标体系，如把整个评价指标体系分为社会、经济、环境、资源，分别对应区域可持续发展中社会子系统、经济子系统、环境子系统、资源子系统进行评价。该类指标体系以分析找出表征系统属性特征的各种要素变量为基础构建系统的评价指标体系，强调评价指标选取的系统性和分析评价系统内部结构要素。另一种是基于"驱动力(压力) - 状态 - 响应"概念模型，根据影响可持续发展的压力(影响可持续发展的人类活动)、状态(现实状态)和响应(相应的政策取向)来建立评价指标体系[124]。本书将这两种思路有机结合，从系统科学思想出发，根据林业应对气候变化政策机制体系的系统功能、结构、特征，从其碳增汇子系统、碳贮存子系统、碳替代子系统三大运行机制入手,以相关动力机制和约束机制作为系统的输入,以碳增汇、碳贮存、碳替代三大子系统的运行结果作为系统的输出,找出描述各子系统属性特征的各种要素变量来建立评价指标体系。

第二节　评价指标体系构建的意义与基本原则

进行综合评价,首先要确定评价的指标体系,这是综合评价的基础。指标体系是由多个相互联系、相互作用的评价指标,按照一定层次结构组成的有机整体。评价指标体系是联系评价专家与评价对象的纽带,也是联系评价方法与评价对象的桥梁。[125] 指标选择的好坏对分析对象常有举足轻重的作用。只有建立科学合理的评价指标体系,才有可能得出科学公正的综合评价结论。建立科学合理的评价指标体系是对中国林业应对气候变化政策机制进行科学的综合评价,以及调整和完善相关战略、政策、机制的基础和前提。

一、指标及指标体系

(一)指标

指标是用以刻画或反映系统行为、状态和功能的一种统计标识。指标可以使人们对对象系统产生一种较小的、易操作的、切实和生动的实体画面。从指标反映的内容范围来划分,指标可以分为三类[126]:

(1)单项指标:侧重于对基本情况的描述,反映系统中的一个侧面,综合性比较差。

(2)专题指标:选择有代表性的专题领域进行研究制定指标,用来反映一个特定方面的问题。

(3)系统化指标:在一个确定的研究范围和框架中,对大量的有关信息进行综合与集成,从而形成一个具有明确含义的指标,较全面地反映总系统及其各个子系统的综合情况。

（二）指标体系

社会经济现象总体存在着多个互相联系的方面，不同的社会经济现象总体之间也存在着各种各样的联系。而一般一个指标只反映现象的某个特征，说明某一方面的情况，要反映客观现象各方面的联系，描述事物发展的全过程，就要设立指标体系。[127]指标体系是指两个或两个以上的指标组合，是若干个相互联系的指标所组成的有机整体，用以说明所研究的社会经济现象各方面相互依存和相互制约的关系。指标体系不仅是分层次的，而且联系的形式也是多种多样的。有的指标体系从不同方面共同反映总体情况；有的指标体系从现象发展的各个环节连续反映运动的全过程；有的指标体系则反映现象的原因和结果的关系。因此，指标体系可以表示一个系统一般的发展趋势，通过将多种指标和数据综合，可以勾画出对象系统发展变化的整体趋势。

通过一个设计科学的指标体系，可以描述现象的全貌和发展的全过程，分析和研究现象总体存在的矛盾以及各种因素对现象总体变动结果的方向和程度，也可以对未来现象发展变化的趋势进行预测，以及对研究现象进行针对性的评价。

林业应对气候变化政策机制综合评价指标体系的指标既有单项指标又有系统化指标，它们分属于整个指标体系的不同层次。其中，单项指标处于最底层；系统化指标处于顶层和中间层，用来反映整个林业应对气候变化政策机制体系的综合效率水平，及其碳增汇政策机制子系统、碳贮存政策机制子系统和碳替代政策机制子系统的效率水平。林业应对气候变化政策机制综合评价指标体系可以看成一个信息系统，它以简明的方式，为人们提供有关林业应对气候变化的全面、客观的系统信息。通过这些信息可以了解和掌握林业应对气候变化政策机制系统整体及其各个子系统的基本参数，并对系统整体及其各个子系统做出评价，以便及时发现问题和提出相应的调控对策与措施，促使有关林业应对气候变化的各项政策机制在应对气候变化的进程中发挥更为积极、有效的作用。

二、指标体系构建的意义

构建林业应对气候变化政策机制综合评价指标体系的目的就是客观地评价有关林业应对气候变化的各项动力机制、约束机制的综合实施效果,并对林业应对气候变化碳增汇、碳贮存、碳替代各子系统之间的耦合作用关系进行研究,从而为充分发挥林业应对气候变化的积极作用、制定相关的政策机制提供有意义的借鉴。构建林业应对气候变化政策机制综合评价指标体系的意义有:

(1)定量地测度林业应对气候变化政策机制体系的运行水平及态势。通过构建的评价指标体系,采用一定的评价模型,计算出碳增汇、碳贮存、碳替代各个政策机制子系统运行效果的综合评价值,以及整个碳增汇、碳贮存、碳替代复合系统运行效果的综合评价值,定量评价林业应对气候政策机制体系的运行水平及态势,从而为公众提供相应的信息,为决策者制定合理的政策机制以促进林业应对气候变化作用的发挥提供决策依据。

(2)全面地评价有关林业应对气候变化的各项政策机制的综合实施效果。林业应对气候变化政策机制体系是一个内涵丰富的评价对象,其运行涉及林业第一、二、三产业方方面面的内容,并以各种动力机制和约束机制作为系统的输入,仅利用几个指标来进行评价很难做到全面的说明。因此,必须在众多纷繁复杂的指标中选择出具有代表性的主体指标,对林业应对气候变化各项政策机制的综合实施效果进行较全面的评价。

(3)客观地反映出林业应对气候变化碳增汇、碳贮存、碳替代政策机制子系统之间的耦合作用关系。指标体系是对评价对象的本质特征、结构及其构成要素的客观描述,为研究目的服务,所以,通过构建评价指标体系,能够客观地反映出林业应对气候变化碳增汇、碳贮存、碳替代各政策机制子系统之间的耦合作用关系。

三、指标体系构建的基本原则

虽然指标体系如何建立要视具体评价问题而定,但是科学合理的指标体系是准确可靠地评价研究对象的基础和保证,也是正确引导林业应对气候变化的重要手段。因此,评价指标体系的建立不能是一组任意指标的简单堆砌,必须遵循一定的原则。受研究方法、学科领域、地缘差异的影响,迄今为止,对建立指标体系应遵循的原则仁者见仁、智者见智,尚未达成共识。本书在系统科学思想的基础上,综合分析提炼多种观点,结合林业应对气候变化复合开放系统的特点,认为构建林业应对气候变化政策机制综合评价指标体系应遵循以下原则:

(1)简明性与系统性原则。要本着简单、明确的原则,在相关理论的指导下,选择能够较全面、综合地反映林业应对气候变化政策机制体系的系统结构、功能和特征的主要适用指标,包含信息量较大的综合性指标也要尽可能兼顾。各指标之间要相互配合形成有机整体,以便较全面地反映评价目标,实现在理论支撑下的综合评价,也便于数据的搜集与处理。

(2)科学性与客观性相结合原则。构建林业应对气候变化政策机制综合评价指标体系,一方面必须使用规范的方法,另一方面必须结合林业应对气候变化的具体特点,因时因地地研究,即一般与特殊相结合。

(3)可操作性和可比性相结合的原则。受数据的可获得性、可量化性限制,构建林业应对气候变化政策机制综合评价指标体系时,尽量充分利用现有的统计资料,选择具有实用性、操作性和较规范的指标,使指标体系更具有实践意义。同类指标的含义、统计口径、测度方法等应保持一致,使其在不同时期可比、在不同区域间可比,通过同一地区不同时期的对比分析可以找出变化态势与特征,通过不同地区的对比分析可以找出差距和原因,借此提出改进意见。

(4)目的性与发展性相结合的原则。指标体系的建立是为研究目的服务的。本书的目的就是通过评价指标体系的构建,评价林业应对气候变化政策机制的综合运行水平、耦合协同状态、协调影响因子的作用方向和程度,为制定和完善林业应对气候变化的相关政策机制提供实证依据。因而,指标的选择必须紧紧围绕着这一综合评价目的层层展开。同时要注意使指标体系具有延续性,达到静态分析与动态分析相结合的目的,使最后的评价结论的确反映评价意图。

(5)借鉴性与创新性相结合。对林业应对气候变化政策机制体系进行系统综合评价是一个复杂的研究课题,也是极具研究价值的问题,但在这方面的研究却极少,可借鉴的评价指标还不能满足本书综合评价的需要。在相关理论的支持下,考虑到林业应对气候变化政策机制复合系统的本质特征,根据各个子系统的内在联系,在借鉴其他学者研究成果和有关专家建议的基础上,尝试性地设计了一些指标以求能够满足本书系统综合评价研究的需要。

(6)独立性与整体完备性原则。同一类指标中的具体指标应避免重复,不同类指标间的具体指标应尽可能地相互独立,这样才能用尽可能少的指标对林业应对气候变化政策机制体系进行准确的综合评价。同时,设计的指标体系必须是一个有机整体,该体系不仅要从不同的角度反映出评价系统的不同特征和状况,还要反映出系统的动态变化趋势。

第三节　指标的筛选方法及程序

一、指标的筛选方法

指标体系的筛选是一项复杂的系统工程,要求评价者对评价系统有充分的认识及全面的知识。目前,筛选指标的方法主要有理论分析法、交叉法、指标属性分组法、综合评价指标体系结构化方法、专家意见法、频度分析法以及对这几种方法进行综合的筛选方法。[128]以下仅就本书所采用的筛选方法做简要介绍。

(1)理论分析法。理论分析法是对研究内容的内涵、特征、基本要素进行分析综合,确定出重要的、能体现评价特征的指标,又可细分为综合法和分析法。

所谓综合法是指按一定的标准将已存在的一些指标群聚类,使之体系化的一种构造指标体系的方法。关于综合评价的问题,目前许多领域都有人在讨论,将不同观点综合起来,就可以构造出相对全面的综合评价指标体系。例如,设计一套反映"社会、经济、科技协调发展评价指标体系",可以将理论界提出的许多方案进行分析比较,综合出一套标准的评价指标体系。

所谓分析法是构造综合评价指标体系最基本、最常用的方法,即将综合评价指标体系的度量对象和度量目标划分成若干个不同组成部分或不同侧面(即子系统),并逐步细分(即形成各级子系统及功能模块),直到每一个部分和侧面都可以用具体的统计指标来描述、实现。[128]

(2)专家意见法。专家意见法又名德尔菲法,是一种向专家发函征求意见的调研方法。在本书中,由评价者根据评价目标及评价对象的特征,列出一系列的评价指标,采用匿名的方式分别征求相关专家对所设计指标的意见,然后进行统计处理,并反馈咨询结果。经过几轮咨询后,如果专家意见趋于集中,则通过最后一次咨询结果确定最终的评价指标体系。在征求意见的过程中,专家彼此互不相识、互不往来,这就克服了在专家会议法中经常发生的专家们不能充分发表意见、权威人物的意见左右其他人的意见等弊病。这种方法具有广泛的代表性,较为可靠。

(3)频度分析法。频度分析法是对相关研究对象的报告、书籍、论文等进行频度统计,选择那些使用频度较高的指标。

本书首先采取频度分析法,从国内外关于林业可持续发展评价指标体系、森林生态系统固碳潜力评价、CDM 林业碳汇项目评价指标体系、低碳经济发展评价指标体系等的研究文献和调研获取的有关林业统计资料中选择使用频度较高的指标;同时,结合林业应对气候变化的作用机理、运行机制及其政策机制体系的系统特征等理论进行分析、比较、综合,选择重要性和针对性强的指标。在此基础上,进一步采用专家意见法,对指标进行调整,最后得到林业应对气候变化政策机制综合评价指标体系。

二、指标的筛选程序

综合评价指标体系的构建是一个"具体—抽象—具体"的辩证逻辑思维过程,是人们对现象总体数量特征认识的逐步深化、逐步求精、逐步完善、逐步系统化的过程。林业应对气候变化政策机制综合评价指标体系是由若干相互联系、相互补充、具有层次性和结构性的指标组成的有机系列。这些指标中既有直接从原始数据而来的基本指标,用以反映子系统的特征;又有对基本指标的抽象和总结,用以说明子系统之间的联系以及林业应对气候变化政策机制综合评价作为一个整体所具有的性质。因此,本书构建评价指标体系时,遵循构建指标体系的基本原则,采用适合的筛选方法,经过以下筛选程序,构建出一套相对完备的指标体系。

林业应对气候变化政策机制综合评价指标筛选的具体步骤如下(如图3-1所示):

(1)建立林业应对气候变化政策机制综合评价原始指标数据库。尽可能全面地收集与林业应对气候变化政策机制综合评价相关的评价指标。选择那些具有重要控制意义、可受到管理措施直接或间接影响的指标,以及那些与外部环境有交换关系的开放系统特征的指标,建立原始指标数据库。

(2)选出林业应对气候变化政策机制综合评价原始指标集。采用频度统计法、理论分析法和专家意见法筛选指标。按照碳增汇、碳贮存、碳替代三大子系统,以及描述各子系统特征的要素,分门别类地进行统计筛选,选出满足该综合评价研究目的要求以及符合本书所确立的构建指标体系所应遵循的基本原则的原始指标集。

(3)确定林业应对气候变化政策机制综合评价指标集。在选择的原始指标集的基础上,根据相关分析法对指标进行分析,确定出指标间的相互关联程度,结合一定的取舍标准和专家意见进行筛选,确定出评价指标集。

(4)构建出林业应对气候变化政策机制综合评价指标体系。在已确定的评价指标集基础上,适时地进行理论分析,再次征询专家意见,对指标进行调整,通过多层次的筛选得到内涵丰富又相对独立的指标所构成的评价指标体系。在筛选过程中,理论分析法和专家意见法几乎贯穿建立指标体系的整个过程。

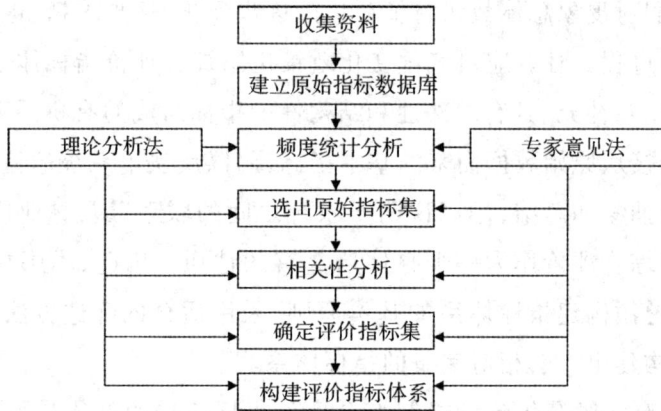

图 3 – 1　指标筛选程序图

第四节　评价指标体系的构建

一、评价指标体系的构建思路

根据对林业应对气候变化政策机制复合系统的目标、功能、结构、运行机理、特征的理解,以及指标体系所具有的特征和构建原则,中国林业应对气候变化政策机制评价指标体系应具有以下几方面的功能:首先,它应该能描述某一时刻系统各个方面的状况;其次,它要能够描述和反映某一时段系统各个方面的变化趋势;最后,它要能够描述系统运行的耦合协同程度。

林业应对气候变化政策机制系统是一个复杂的巨系统,构建评价指标体系时,应将目标层分解为能够反映林业应对气候变化政策机制系统特征的模块层;之后,根据模块层的性质,构建准则层;最后,根据模块层和准则层的特点选取具体的指标,确立整个指标体系。

二、评价指标体系的总体框架

根据以上分析,本书建立由 4 个层次(目标层、模块层、准则层、指标层)、3 大模块(林业碳增汇政策机制子系统模块、林业碳贮存政策机制子系统模块、林业碳替代政策机制子系统模块)、12 个准则、40 个具体指标组成的中国林业应对气候变化政策机制综合评价指标体系,具体框架如下(如图 3 - 2 所示):

目标层:描述中国林业应对气候变化政策机制复合系统的综合运行效果(林业应对气候变化政策机制综合效率指数)。

模块层:依照评价指标体系建立的基本原则,由中国林业应对气候变化政策机制复合系统的功能、结构所决定的模块层一共由三部分组成,分别是林业碳增汇政策机制子系统运行效果(林业碳增汇政策机制综合效率指数)、林业碳贮存政策机制子系统运行效果(林业碳贮存政策机制综合效率指数)、林业碳替代政策机制子系统运行效果(林业碳替代政策机制综合效率指数)。模块层反映了中国林业应对气候变化政策机制复合系统的三大运行机制。

准则层:对模块层所划分的每一个子系统进行描述,能够代表该子系统整体特征和行为的关键信息准则类,具有对时间和空间的敏感性。在某一时刻,它们表现为静态的,随着时间的变化,它们呈现为动态的;同样,在不同的空间区域内,它们具有不同的特征值。准则层是对中国林业应对气候变化政策机制复合系统的三大运行机制的展开和具体化。

指标层:根据本书的对象和目的,以及所构建的模块层和准则层,选取多个具有典型代表意义、同时能够分别确定反映研究对象某一方面情况的特征指标构成指标层。指标层能够从本质上反映中国林业应对气候变化政策机制复合系统的行为、关系、变化以及运行效果。本书共选用 40 个指标构成指标层。根据本书的研究目的,将它们进一步分为输入指标和输出指标。其中,输入指标是管理变量,共 19 个,对应管理当局的各项动力机制和约束机制,反映了管理当局对系统的输入;输出指标共 21 个,对应林业应对气候变化的各项运行机制,反映了林业应对气候变化政策机制复合系统的运行效果,以及管理当局输入的各项动力约束政策机制的实施成效。

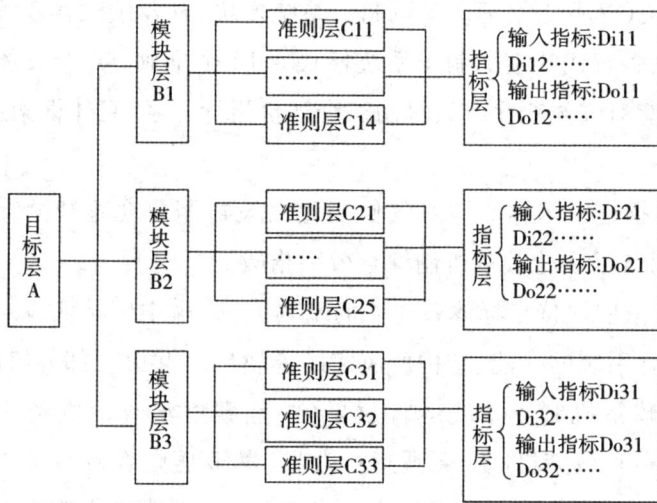

图 3-2　评价指标体系总体框架

三、评价指标体系的建立

　　林业应对气候变化政策机制复合系统是一个包含很多元素的复杂系统,而耦合、协同共生是这个系统或系统内各要素之间,在和谐一致、配合得当、良性循环的基础上由低级到高级、简单到复杂、无序到有序的总体演化过程,是层次性和整体性的统一。因此,林业应对气候变化政策机制综合评价指标体系也应是一个统一的整体,既有上下的层次关系,又有指标间的平行关系。不同的指标反映林业应对气候变化政策机制的侧面不同,又分属于不同类别、不同层次的林业应对气候变化政策机制指标体系。

　　本书根据林业应对气候变化政策机制综合评价指标体系构建的基本原则,综合运用前述三种指标筛选方法,按照指标筛选的程序,建立评价指标体系总体框架,提出了一套相对完备的林业应对气候变化政策机制综合评价指标体系(如表3-1所示)。

表3-1　中国林业应对气候变化政策机制综合评价指标体系

目标层	模块层	准则层	指标层	
			输入指标	输出指标
中国林业应对气候变化政策机制综合效率指数	林业碳增汇政策机制综合效率指数	造林更新	造林投资(万元) 中、幼龄林抚育投资 (万元) 种苗工程投资(万元)	森林覆盖率(%) 林地生产率(立方米/公顷) 造林面积(公顷) 年末实有育苗面积(公顷) 幼林抚育实际面积(公顷) 幼林抚育作业面积(公顷次) 成林抚育面积(公顷)
		低产低效林改造		
		农林复合经营		
		森林抚育经营		
	林业碳贮存政策机制综合效率指数	减少毁林	森林公安投资(万元) 森林管护投资(万元) 天保工程民生投入 (万元) 野生动植物保护及 自然保护区投资(万元) 林业专项补助(万元) 森工固定资产投资 (万元) 森林防火投资(万元) 森林病虫鼠害防治投资 (万元)	森林覆盖率(%) 林地生产率 (立方米/公顷) 林政案件查处数(件) 伐区凭证采伐率(%) 木材凭证运输率(%) 伐区作业质量合格率(%) 森林管护面积(公顷) 自然保护区面积(公顷) 森林火灾未受灾率(%) 森林病虫鼠害防治率(%)
		生态系统保护		
		改进采伐措施		
		森林火灾预防、扑救、保障体系建设		
		森林病虫鼠害防控		
	林业碳替代政策机制综合效率指数	产业替代	营林固定资产投资 (万元) 多种经营用地年末实有 (公顷) 发展多种经营生产资金 中国家投资额(万元) 发展多种经营生产资金 中企业投资额(万元) 发展多种经营生产资金 中银行贷款额(万元) 发展多种经营生产资金 中联营投资额(万元) 发展多种经营生产资金 中个人集资额(万元) 育林基金等林业税费减 免额(万元)	营林产值占比(%) 多种经营产值占比(%) 旅游业产值占比(%) 木材采运业与林产 工业产值占比(%) 原木产量(立方米) 薪材产量(立方米)
		原材料替代		
		能源替代		

指标释义如下：

1.林业碳增汇政策机制子系统指标

（1）造林投资（万元）：包括用于荒山荒（沙）地造林、更新造林的中央财政造林补贴试点资金,用于荒山荒（沙）地造林、有林地造林、更新造林、封山育林的中央基本建设造林投资,以及低产低效林改造投资。资金用途为对造林主体造林所需费用的直接补贴,以及对试点县组织开展造林补贴试点有关政策宣传、作业设计、技术指导、检查验收、档案管理等工作所需费用的间接补贴。

（2）中、幼龄林抚育投资（万元）：中央财政预算安排的对承担森林抚育试点任务的国有森工企业、国有林场等国有林业单位以及村集体、林业职工和农民给予的森林抚育补贴。补贴资金用于森林抚育有关费用支出,包括间伐、修枝、除草、割灌、采伐剩余物清理运输、简易作业道路修建等生产作业的劳务用工和机械燃油等直接费用,以及作业设计、检查验收、档案管理、成效监测等间接费用。间接费用不得用于楼堂馆所建设、汽车购置、人员工资福利支出等。

（3）种苗工程投资（万元）：包括中央财政林木良种补贴资金,以及退耕还林工程种苗造林补助费。中央财政林木良种补贴资金主要用于国家重点林木良种基地补贴和林木良种苗木培育补贴。国家重点林木良种基地补贴资金,主要用于良种培育、采集、处理、检验、贮藏等方面的人工费、材料费、简易设施设备购置和维护费,以及调查设计、技术支撑、档案管理、人员培训等管理费用和必要的数据处理设备购置费用;良种苗木培育补贴资金,主要是对国有育苗单位因使用良种、采用先进技术培育良种苗木而增加成本的补贴。补贴资金不得用于管理机构的人员经费支出、日常办公设备购置费用支出及办公用房、职工生活用房等楼堂馆所建设费用支出。

（4）森林覆盖率（%）：是指一个国家或地区森林面积占土地面积的百分比。它是反映森林资源的丰富程度和生态平衡状况的重要指标。在计算森林覆盖率时,森林面积包括郁闭度 0.2 以上（含 0.2）的乔木林地面积和竹林地面积,以及国家特别规定的灌木林地面积、农田林网以及四旁（村旁、

路旁、水旁、宅旁)林木的覆盖面积。其计算公式为:

$$森林覆盖率 = \frac{森林面积}{土地总面积} \times 100\%$$

(5)林地生产率(立方米/公顷):就是森林(乔木林)单位面积蓄积量,是反映林地生产潜力的重要指标。它的计算公式为:

$$林地生产率 = \frac{森林蓄积}{森林面积}$$

森林蓄积指一定森林面积上存在着的林木树干部分的总材积。它是反映一个国家或地区森林资源总规模和水平的基本指标之一,也是反映森林资源的丰富程度、衡量森林生态环境优劣的重要依据。

森林面积指由乔木树种构成,郁闭度 0.2 以上(含 0.2)的林地或冠幅宽度 10 米以上的林带的面积,即有林地面积。包括天然起源和人工起源的针叶林面积、阔叶林面积、针阔混交林面积和竹林面积,不包括灌木林地面积和疏林地面积。

(6)造林面积(公顷):包括荒山荒(沙)地造林面积、更新造林面积、有林地造林面积以及低产低效林改造面积。

(7)年末实有育苗面积(公顷)、幼林抚育实际面积(公顷)、幼林抚育作业面积(公顷次)、成林抚育面积(公顷):用于反映种苗工程投资及中、幼龄林抚育投资成效。

2.林业碳贮存政策机制子系统指标

(8)森林公安投资(万元):用于森林公安队伍及设施建设。森林公安是国家林业部门和公安机关的重要组成部分,是具有武装性质的兼有刑事执法和行政执法职能的专门保护森林及野生动植物资源、保护生态安全、维护林区社会治安秩序的重要力量。

(9)森林管护投资(万元):包括森林管护费和生态效益补偿资金。森林管护是指对公益林进行看管和巡护,以及相关的组织管理。森林管护费是指国家下达的专项用于管护国有森林资源所发生的各项经费支出。生态效益补偿金是指中央财政对集体和个人所有的国家级公益林及地方公益林安排的补助资金。

（10）天保工程民生投入（万元）：包括五险补助、离退休人员生活费、一次性安置费和政社性补助。其中，政社性补助指国家专项下达的用于天然林保护工程各级实施单位承担的政策性社会性支出的补助，包括教育、医疗卫生等补助资金；五险补助是指专项用于天然林保护工程实施单位基本养老、基本医疗、失业、工伤和生育等五项社会保险缴费支出的补助。

（11）野生动植物保护及自然保护区投资（万元）：主要用于野生动植物保护及自然保护区基础设施建设和人员经费。

（12）林业专项补助（万元）：由贫困林场扶贫资金、林业救灾补助资金、集体林改工作经费、财政贴息等财政专项资金构成。

（13）森工固定资产投资（万元）：主要用于木材及竹材采运业的建筑工程，安装工程，以及设备、工具、器具购置。

（14）森林防火投资（万元）：主要用于森林防火器材购置、森林火灾紧急扑救费用以及部队专项。

（15）森林病虫鼠害防治投资（万元）：包括直接用于防治森林病虫鼠害的药、械、飞机、人工等费用，以及各级政府和林业主管部门等专用于防治森林病虫害的基本建设资金。

（16）林政案件查处数（件）：由林政执法部门和公安部门查处的违法运输木材、滥伐林木、盗伐林木、非法收购经营加工木材、违法征占用林地等五类案件总数。

（17）伐区凭证采伐率（％）：反映森林资源采伐管理水平。它的计算公式为：伐区凭证采伐率 $= \dfrac{伐区凭证采伐量}{伐区采伐量} \times 100\%$。

（18）木材凭证运输率（％）：反映森林资源采伐管理水平。它的计算公式为：木材凭证运输率 $= \dfrac{\sum 已发放木材运输证数量}{\sum 实际完成木材运输数量} \times 100\%$。

（19）伐区作业质量合格率（％）：反映森林资源采伐管理水平。它的计算公式为:伐区作业质量合格率 $= \dfrac{\text{检查作业伐区合格数量}}{\text{检查作业伐区数量}} \times 100\%$ 。

（20）森林管护面积（公顷）:包括管护的国有林、集体所有国家级公益林和集体所有省级公益林面积。

（21）自然保护区面积（公顷）:自然保护区是指对有代表性的自然生态系统、珍稀濒危野生动植物物种的天然集中分布区、有特殊意义的自然遗迹等保护对象所在的陆地、陆地水体或者海域,依法划出一定面积予以特殊保护和管理的区域。

（22）森林火灾未受灾率（%）:是指森林中未发生森林火灾的部分所占的比例。它的计算公式为:森林火灾未受灾率 $= 1 - \dfrac{\text{森林火灾发生面积}}{\text{森林面积}} \times 100\%$ 。

（23）森林病虫鼠害防治率（%）:就是防治森林病虫鼠害的比率。它的计算公式为:森林病虫鼠害防治率 $= \dfrac{\text{防治面积}}{\text{发生面积}} \times 100\%$ 。防治面积指人为采用化学、生物、人工等防治措施防治森林病虫鼠害的实际面积。

3.林业碳替代政策机制子系统指标

（24）营林固定资产投资（万元）:主要用于营造林业的建筑工程,安装工程,以及设备、工具、器具购置。

（25）多种经营用地年末实有（公顷）:借助林地的生态环境以及景观资源,开展林、农、牧等多种项目的复合生产经营（包括林木种苗培育,经济林产品的种植与采集,花卉种植,动物、昆虫繁育与利用,林产化学产品制造,非木质林产品加工,竹、藤、棕、苇产品加工,林业旅游与休闲服务,森林生态墓园服务等）时实际利用的林地面积。

（26）发展多种经营生产资金中国家投资额（万元）、发展多种经营生产资金中企业投资额（万元）、发展多种经营生产资金中银行贷款额（万元）、发展多种经营生产资金中联营投资额（万元）、发展多种经营生产资金中个人集资额（万元）:反映林业多种经营生产资金来源情况。

这里的林业多种经营包括:林木种苗培育,经济林产品的种植与采集,花卉种植,动物、昆虫繁育与利用,林产化学产品制造,非木质林产品加工,竹、藤、棕、苇产品加工,林业旅游与休闲服务,森林生态墓园服务等。

（27）育林基金等林业税费减免额（万元）：包括育林基金、农业特产税、企业所得税等林业税费减免,以及增值税退税、出口退税。

（28）营林产值占比（%）：反映营林产值占林业产业总产值多少。它的计算公式为：营林产值占比 $= \dfrac{营林产值}{林业产业总产值} \times 100\%$ 。其中,林业产业总产值由营林产值（育种和育苗、营造林、林木的抚育和管理）、木材采运产值、林产工业产值（木材加工及竹、藤、棕、苇产品加工制造,林产化学产品制造,非木质林产品加工）、多种经营产值（经济林产品种植与采集、花卉种植、陆生野生动物繁育与利用、食品加工、药用材料加工、建筑业、交通运输业、商业、餐饮业）、旅游业产值以及其他产业产值构成。

（29）多种经营产值占比（%）：反映多种经营产值占林业产业总产值多少。它的计算公式为：多种经营产值占比 $= \dfrac{多种经营产值}{林业产业总产值} \times 100\%$ 。

这里的多种经营产值由经济林产品种植与采集、花卉种植、陆生野生动物繁育与利用、食品加工、药用材料加工、建筑业、交通运输业、商业、餐饮业产值构成,不包括林木种苗培育,林产化学产品制造,非木质林产品加工,竹、藤、棕、苇产品加工,以及林业旅游与休闲服务产值。

（30）旅游业产值占比（%）：反映旅游业产值占林业产业总产值多少。它的计算公式为：旅游业产值占比 $= \dfrac{旅游业产值}{林业产业总产值} \times 100\%$ 。

（31）木材采运业与林产工业产值占比（%）：反映木材采运业和林产工业产值占林业产业总产值多少。它的计算公式为：木材采运业与林产工业产值占比 $= \dfrac{木材采运业产值 + 林产工业产值}{林业产业总产值} \times 100\%$ 。其中,林产工业产值包括木材加工及竹、藤、棕、苇产品加工制造,林产化学产品制造,非木质林产品加工业产值。

（32）原木产量（立方米）：用以反映林业原材料替代情况。

（33）薪材产量（立方米）：用以反映林业能源替代情况。

四、指标体系构建中的问题说明

（1）本书从普遍意义上（而不是 CDM 下林业碳汇项目的角度）理解林业在应对气候变化领域中的作用,在国务院颁布的《中国应对气候变化国家方案》、国家林业局发布的《应对气候变化林业行动计划》和《林业发展"十二五"规划》框架下,采取文献检索分析、实地访谈调研（访谈单位包括国家林业局气候办、国家林业局驻黑龙江省森林资源监督专员办公室、黑龙江省森工总局资源局、黑龙江省森工总局天保办、黑龙江省森工总局政研室）和专家意见法等相结合的办法进行指标筛选和指标体系构建,用以对与林业应对气候变化相关的我国林业发展的各项现行政策机制进行综合评价。

（2）由于林业应对气候变化政策机制的各项具体动力政策机制、约束政策机制所发挥的效应具有一定的重合叠加性,同时也受到相关统计数据的可获得性和可分解性限制,因此所设计的综合评价指标体系中,三大模块层所属各具体准则与输入指标、输出指标之间不存在严格的一一对应关系。但对应于某一模块,其所属各具体准则、输入指标、输出指标则基本上较为完整且较为具有代表性地反映了本模块的整体特征与要求。

（3）需要注意的是,指标体系的构建是一个循序渐进的不断完善的过程;具体指标的选择还应照顾到实践操作中指标数据的可获得性。

本章小结

构建科学的评价指标体系是系统评价研究的核心内容之一,本章从以下几个方面,构建出了中国林业应对气候变化政策机制综合评价指标体系。

（1）根据本书的目的,在综述相关领域林业综合评价指标体系研究现状的基础上,提出了构建林业应对气候变化政策机制综合评价指标体系的意义和基本原则。

（2）在参考前人研究和实地访谈调研的基础上,利用指标体系的各种筛选方法,按照指标筛选程序,构建出了以应对气候变化为总目标,以碳增汇、碳贮存、碳替代三大子系统为模块层,共 12 个准则,40 个具体指标的林业应对气候变化政策机制综合评价指标体系。

(3)对指标体系的内容以及指标体系设计中的问题进行了详细解释说明。

第四章 林业应对气候变化政策机制综合评价方法选择及模型构建

构建合理的评价指标体系和评价模型是科学评价被研究对象的核心内容。本章在对多指标综合评价方法对比分析的基础上，选择出了适合对林业应对气候变化政策机制进行综合评价的评价方法，并构建了林业应对气候变化政策机制综合评价模型，为对林业应对气候变化政策机制进行系统综合评价提供方法支持。

第一节 综合评价方法模型选择

多指标综合评价方法是把多个描述被评价事物不同方面且量纲不同的指标，转化成无量纲的相对评价值，并综合这些评价值以得出对该事物一个整体评价的方法系统。根据不同的研究目的以及各种对研究对象的不同处理方法，形成了多种多样的综合评价方法，如：综合指数评价法（常规数学方法）、层次分析法、模糊综合评判法、数据包络分析法、人工神经网络评价法、灰色综合评价法、多元统计综合评价法等。这些综合评价方法各有特点，适用情况也各不相同。因此，本书在对这些方法分析比较的基础上，选择 DEA 模型、协调度与协调水平度模型和灰色 $GM(1,N)$ 模型作为本书的综合评价方法。

一、数据包络分析法(DEA)

1978年,著名运筹学家、美国得克萨斯大学教授 A. Charnes、W. W. Cooper和E. Rhodes 发表了一篇重要论文: *Measuring the efficiency of decision making units*(决策单元的有效性度量),刊登在权威的《欧洲运筹学杂志》上。该文正式提出了运筹学的一个新领域:数据包络分析。[129]

数据包络分析(Data Envelopment Analysis,简称 DEA)是以凸分析和线性规划为工具,在"相对效率评价"概念基础上发展起来的一种系统分析方法。它利用观察到的有效样本数据,采用数学规划方法,对决策单元(Decision Making Units,DMU)进行相对有效性评价。[130]该方法的原理主要是通过保持 DMU 的输入(投入)或者输出(产出)不变,借助于数学规划和统计数据确定相对有效的生产前沿面,将各个决策单元投影到 DEA 的生产前沿面上,并通过比较决策单元偏离 DEA 生产前沿面的程度来评价它们的相对有效性。它是一种非参数统计分析方法,特别适用于相同类型具有多输入、多输出的复杂投入产出系统的相对有效性评价。[131]根据对各 DMU 观察的数据判断 DMU 是否为 DEA 有效,本质上是判断 DMU 是否位于生产可能集的"生产前沿面"上。通过对输入输出数据的综合分析,DEA 可以求出每个 DMU 综合效率的数量指标,据此将各 DMU 定级排序,确定相对有效的 DMU,并指出其他 DMU 非有效的原因和程度,同时给出各 DMU 有关指标的调整方向和具体调整量。[132]

1. CCR – DEA 模型

假设有 n 个评价对象,每一个对象标记为 $DMU_i(i=1,2,\cdots,n)$,且每一个 DMU_i 有 k 种投入和 m 种产出。用 X_{ii} 表示 DMU_i 的第 i 项投入,用 Y_{ip} 表示 DMU_i 的第 p 项产出。

所有 DMU_i 的投入可以表示为:$X_i = (X_{i1}, X_{i2}, \cdots, X_{ik})^\mathrm{T}$,($i=1,2,\cdots,n$)

所有 DMU_i 的产出可以表示为:$Y_i = (Y_{i1}, Y_{i2}, \cdots, Y_{im})^\mathrm{T}$,($i=1,2,\cdots,$

n)

设投入、产出指标的权向量分别为：$\boldsymbol{v} = (v_1, v_2, \cdots, v_k)^{\mathrm{T}}$，$\boldsymbol{u} = (u_1, u_2, \cdots, u_m)^{\mathrm{T}}$

DMU_i的效率评价指数可以表示为：

$$h_i = \boldsymbol{u}^{\mathrm{T}} \boldsymbol{Y}_i / \boldsymbol{v}^{\mathrm{T}} \boldsymbol{X}_i \qquad (4-1)$$

其中，$\boldsymbol{u}^{\mathrm{T}} \boldsymbol{v}^{\mathrm{T}}$分别为产出和投入指标权向量，适当选取权重 $\boldsymbol{u}$ 和 $\boldsymbol{v}$，能够使 $h_i \leqslant 1$（$i = 1, 2, \cdots, n$），且一般说来，h_i较大表明 DMU_i能够用相对较少的输入而取得相对较多的输出。这样如果对 DMU_{i_0}进行评价，看 DMU_{i_0}在这 n 个 DMU 中相对来说是不是最优的，我们可以考察当尽可能地变化权重时，h_{i_0}的最大值究竟是多少。[133]

如以第 i_0 个决策单元（DMU_{i_0}）的效率指数为目标进行评价，其投入为 $\boldsymbol{X}_0$，产出为 $\boldsymbol{Y}_0$，以所有决策单元的效率指数为约束，则 DMU_{i_0}的相对效率 CCR - DEA 评价模型为：

$$\begin{aligned} \text{Max} \quad & h_0 = \boldsymbol{u}^{\mathrm{T}} \boldsymbol{Y}_0 / \boldsymbol{v}^{\mathrm{T}} \boldsymbol{X}_0 \\ \text{s. t.} \quad & \boldsymbol{u}^{\mathrm{T}} \boldsymbol{Y}_i - \boldsymbol{v}^{\mathrm{T}} \boldsymbol{X}_i \leqslant 0, \quad i = 1, 2, \cdots, n \qquad (4-2) \\ & \boldsymbol{u} \geqslant 0, \ \boldsymbol{v} \geqslant 0 \end{aligned}$$

把式（4-2）做 Charnes-Cooper 变换，得如下线性规划（P）：

$$\begin{aligned} \text{Max} \quad & h_0 = \boldsymbol{\mu}^{\mathrm{T}} \boldsymbol{Y}_0 \\ \text{s. t.} \quad & \boldsymbol{\eta}^{\mathrm{T}} \boldsymbol{X}_i - \boldsymbol{\mu}^{\mathrm{T}} \boldsymbol{Y}_i \geqslant 0, \quad i = 1, 2, \cdots, n \\ & \boldsymbol{\eta}^{\mathrm{T}} \boldsymbol{X}_0 = 1 \qquad (4-3) \\ & \boldsymbol{\mu} \geqslant 0, \boldsymbol{\eta} \geqslant 0 \end{aligned}$$

为了更加容易从理论和经济意义上做深入分析，研究此线性规划问题的对偶问题：

$$\begin{aligned} \text{Min} \quad & \theta \\ \text{s. t.} \quad & \sum_{i=1}^{n} \lambda_i \boldsymbol{X}_i - \theta \boldsymbol{X}_0 \leqslant 0 \\ & \sum_{i=1}^{n} \boldsymbol{Y}_i \lambda_i - \boldsymbol{Y}_0 \geqslant 0 \qquad (4-4) \end{aligned}$$

$$\lambda_i \geqslant 0, \quad i = 1, 2, \cdots, n$$

为了讨论和计算应用方便,进一步引入松弛变量 s^+ 和剩余变量 s^-,将上面的不等式约束变为等式约束(D):

$$\text{Min} \quad \theta$$

$$\text{s. t.} \quad \sum_{i=1}^{n} \lambda_i X_i + s^+ = \theta X_0$$

$$\sum_{i=1}^{n} \lambda_i Y_i - s^- = Y_0$$

$$\lambda_i \geqslant 0, \quad i = 1, 2, \cdots, n$$

θ 无约束,$s^+ \geqslant 0$,$s^- \geqslant 0$。

DEA 有效:若(D)的任意最优解 θ^0,λ_i^0,$i = 1, 2, \cdots, n$,都满足:

$$\theta^0 = 1, \qquad \sum_{i=1}^{n} X_i \lambda_i^0 = \theta^0 X_0, \qquad \sum_{i=1}^{n} Y_i \lambda_i^0 = Y_0,$$

则称 DEA 有效。

几个定理和定义:

定理 1   线性规划(P)和对偶规划(D)均存在可行解,所以都存在最优值。假设它们的最优值分别为 h_0^* 与 θ^*,则有 $h_0^* = \theta^*$。

定义 1   若线性规划(P)的最优值 $h_0^* = 1$,则称决策单元 DMU_{i_0} 为弱 DEA 有效。

定义 2   若线性规划(P)的解中存在 $\eta^* > 0$,$\mu^* > 0$,并且最优值 $h_0^* = 1$,则称决策单元 DMU_{i_0} 为 DEA 有效。

定理 2 DMU_{i_0} 为弱 DEA 有效的充要条件是线性规划(D)的最优值 $\theta^* = 1$;DMU_{i_0} 为 DEA 有效的充要条件是线性规划(D)的最优值 $\theta^* = 1$,并且对于每个最优解 λ^*,都有 $s^{*+} = 0$,$s^{*-} = 0$。

DEA 有效性的经济含义:

研究 DEA 有效性的经济含义是以生产函数 $Y = f(X)$ 为背景的。生产函数 $Y = f(X)$ 表示在生产处于最好的理想状态时,当投入量为 X 时所能获得的最大输出。因此,生产函数图像上的点(X 表示输入,Y 表示输出)所对应的决策单元从生产函数的角度看是处于"技术有效"的状态。[134] 一般来说生产函数的图像如图 4 - 1 所示:A——既技术有效,也规模有效;B——技术有效,但不是规模有效;C——既不是技术有效,也不是规模有效。

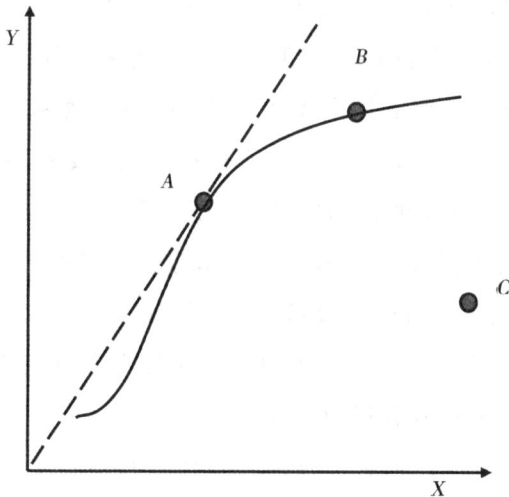

图 4 - 1   生产函数图像与规模有效、技术有效

"技术有效":若生产状态 (x, y) 满足 $y = f(x)$,则称生产状态 (x, y) 是"技术有效"的(也即输出相对输入而言已达到最大)。此时,点 (x, y) 位于生产函数的曲面上。

"规模有效":经济学中的"边际报酬递减规律"是指生产函数的一阶导数表现为先增后减的规律(或函数先为凸,后为凹)。所谓"规模有效",即介于规模收益由递增(递减)到递减(递增)之间的"规模收益不变"的最佳状态,投入量 x 既不偏大,也不过小。[135]

根据对各 DMU 观察的数据判断 DMU 是否为 DEA 有效,本质上是判断DMU 是否位于生产可能集的"生产前沿面"上。生产前沿面实际上是指观察到的决策单元的输入数据和输出数据的包络面的有效部分,这也是称该方法为"数据包络分析"的原因所在。决策单元为 DEA 有效,也即相应于生产可能集而言,以投入最小、产出最大为目标的帕累托最优。因此,生产前沿面即为帕累托面(帕累托最优点构成的面)。[136]

CCR 模型中,λ_i 使各个有效点连接起来,形成有效生产前沿面;非零的 s^+、s^- 使有效生产前沿面可以沿水平和垂直方向延伸,形成包络面。DMU 在 CCR 模型之下为 DEA 有效,表示 DMU 对应的生产状态 (x_0, y_0) 既为技术有效,也为规模有效。即:CCR 模型用于评价决策单元技术和规模综合效率。模型得出的 θ 即是相应被考察单元 DMU 的总效率值,满足 $0 \leqslant \theta \leqslant 1$。其经济含义是当被考察单元的产出水平保持不变(投入导向)时,以样本中最佳表现(处于效率前沿面上)的考察单元为标准与实际所需要投入之比。当 $\theta = 1$ 时,为有效状态,被考察单元是有效生产前沿面上的点。

用 CCR 模型判定是否同时技术有效和规模有效:

(1) $\theta^* = 1$,且 $s^{*-} = 0$,$s^{*+} = 0$,则决策单元 i_0 为 DEA 有效,决策单元的经济活动同时为技术有效和规模有效;

(2) $\theta^* = 1$,但至少某个输入或者输出大于 0,则决策单元 i_0 为弱 DEA 有效,决策单元的经济活动不同时为技术有效和规模有效;

(3) $\theta^* < 1$,决策单元 i_0 不是 DEA 有效,经济活动既不是技术有效,也不是规模有效。

还可以用 CCR 模型中的 λ_i 判断 DMU 的规模收益情况:

(1) 如果存在 $\lambda_i^*(i = 1, 2, \cdots, n)$ 使得 $\sum \lambda_i^* = 1$,则 DMU 为规模收益不变;

(2) 如果不存在 $\lambda_i^*(i = 1, 2, \cdots, n)$ 使得 $\sum \lambda_i^* = 1$,且 $\sum \lambda_i^* < 1$,则 DMU 为规模收益递增;

(3) 如果不存在 $\lambda_i^*(i = 1, 2, \cdots, n)$ 使得 $\sum \lambda_i^* = 1$,且 $\sum \lambda_i^* > 1$,则 DMU 为规模收益递减。[133]

在实际运用中,对松弛变量的研究也是有意义的,因为它是一种纯的过剩量(s^+)或不足量(s^-),θ 则表示 DMU 离有效生产前沿面或包络面的一种径向优化量或"距离"。

从生产函数的角度看,CCR 模型是用来研究具有多个输入,特别是具有多个输出的"生产部门"同时为"规模有效"与"技术有效"的十分理想且卓有成效的方法。

2. BCC – DEA 模型

CCR 模型是基于规模收益不变的假设。规模收益不变是假设被考察单元可以通过增加投入等比例地扩大产出规模,这一假设相当严格,与实际差距较大,在许多情况下并不满足。[137]

如果在 CCR 模型中加入凸约束 $\sum_{i=1}^{n} \lambda_i = 1$,则可以得到 BCC – DEA 模型:

$$\text{Min} \quad \theta^{BCC}$$

$$\text{s. t.} \quad \sum_{i=1}^{n} \lambda_i X_i - \theta^{BCC} X_0 \leqslant 0$$

$$\sum_{i=1}^{n} Y_i \lambda_i - Y_0 \geqslant 0 \qquad \sum_{i=1}^{n} \lambda_i = 1 \quad (4-5)$$

$$\lambda_i \geqslant 0, \quad i = 1, 2, \cdots, n$$

BCC 模型得出的 θ^{BCC} 即是被考察单元的纯技术效率。用 CCR 模型下计算的技术效率(θ)除以 BCC 模型下计算的纯技术效率(θ^{BCC})就得到各决策单位的规模效率(θ^S),由此可将技术效率分为纯技术效率和规模效率两部分,以便于进一步了解技术效率欠缺的原因是规模无效率还是纯技术无效率。[138]

3. 超效率 CCR – DEA 模型

用 CCR – DEA 和 BCC – DEA 模型方法评价决策单元的相对效率时,最后的结果很可能是多个决策单元同时为相对有效(θ 值均为 1),CCR – DEA 和 BCC – DEA 模型对这些有效决策单元无法做出进一步的评价与比较(即排序)。为了弥补 CCR – DEA 和 BCC – DEA 模型的这一缺陷,Andersen 等(1993)提出了一种"超效率"(Super-Efficiency)CCR – DEA 模型,使有效决策单元(θ 为 1 的决策单元)之间也能进行效率高低的比较。[139]

超效率 CCR – DEA 模型的基本思路是:在进行第 i_0 个决策单元效率评价时,用其他所有决策单元投入和产出的线性组合代替第 i_0 个决策单元的投入和产出,从而将第 i_0 个决策单元排除在外,而 CCR – DEA 模型则将这一单元包括在内。这时,如果决策单元 i_0 有效,则可以使其投入按比率增加,而其效率保持不变,其投入增加比率即其超效率评价值。[138]

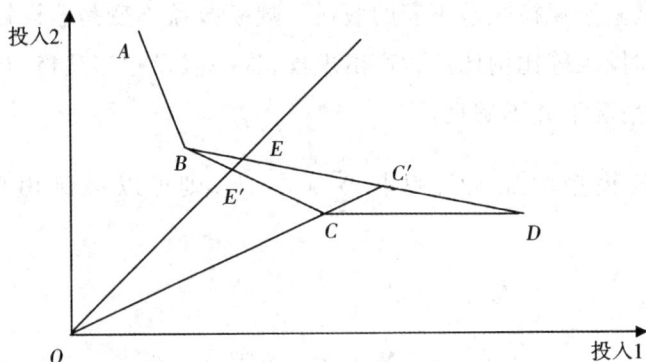

图 4 – 2 超效率 CCR – DEA 模型示意图

这一基本原理可从图 4 – 2 中得到反映。以决策单元 DMU_C 为例,图中 C 点处在有效生产前沿面 $ABCD$ 上,CCR – DEA 模型下 DMU_C 的效率值为 1。按照超效率模型的思路,在计算 DMU_C 效率值时,C 点应排除在决策单元的参考集合之外,于是生产前沿面就由 $ABCD$ 变为了 ABD,C 点到有效生产前沿面的距离 CC' 是 C 可扩张的大小,C 点的效率为 $\theta^C = (OC'/OC) > 1$。对于 CCR 模型中本来就是非 DEA 有效的决策单元 E,在超效率模型中其生产前沿面依然是 $ABCD$,因此按照超效率模型计算的效率值与按照 CCR 模型计算的效率值是一致的,仍然是 $\theta^E = (OE'/OE) < 1$。

将这一思路反映在模型上,就有以下的线性规划模型:

$$\text{Min} \quad \theta^{\text{SUP}}$$

$$\text{s. t.} \quad \sum_{\substack{i=1 \\ i \neq 0}}^{n} \lambda_i X_i - \theta^{\text{SUP}} X_0 \leq 0$$

$$\sum_{\substack{i=1 \\ i \neq 0}}^{n} \lambda_i Y_i - Y_0 \geq 0$$

$$\lambda_i \geq 0, \quad i = 1, 2, \cdots, n$$

4. DEA 模型的进展

1985 年 A. Charnes 和 W. W. Cooper 等人针对 CCR 模型中生产可能集的凸性假设在某些条件下是不合理的,给出了另一个评价生产技术相对有效的 DEA 模型——C^2GS^2 模型。[140]

原始的 DEA 模型对权重无任何限制,它实际上是选取了对被估单元最有利的权重,这样得出的结果可能不符合客观实际,因而,对权数加以研究是人们一直关注的问题。1986 年 Charnes 等人给出了一个含有偏好的 DEA 模型——C^2WH 模型。这一模型通过调整锥比率的方式能够反映人的偏好,从而使决策更能反映人的意愿。

原始的 DEA 模型是针对决策单元有限的情况进行讨论的,为了解决具有无限多个决策单元的评价问题,1986 年 Charnes 和 Cooper 及魏权龄等人利用半无限规划理论将 C^2R 模型推广到具有无限多个决策单元的情况,给出了 C^2W 模型,此外,还有发展 DEA 模型、动态 DEA 模型,以及考虑随机因素的 DEA 模型等。

总之,自 1978 年以来,多种派生和专用的 DEA 模型相继诞生。随着 DEA 方法的不断发展,越来越显示出它们的重要地位,并成为系统分析的有力工具之一。

5. DEA 方法的特点

DEA 方法并不直接对数据进行综合,因此决策单元的最优效率指标与投入指标值及产出指标值的量纲选取无关,应用 DEA 方法建立模型前无须对数据进行无量纲化处理(当然也可以进行无量纲化处理)就可以评价不同量纲的指标。

DEA 方法假定每个输入都关联到一个或者多个输出,且输入输出之间确实存在某种联系,但不必确定这种关系的显示表达式,因此可以摒弃参数方法中函数形式需要事先假定、参数估计的有效性和合理性需要检验等多方面问题。

DEA 方法不需要主观地赋予指标相对权重,而以决策单元输入输出的实际数据求得最优权重,排除了很多主观因素,具有很强的客观性。

DEA 方法适用于多输出－多输入的有效性综合评价问题,在处理多输出－多输入的有效性评价方面具有绝对优势。

6. DEA 方法的操作步骤

(1)问题定义与决策单位的选取。

(2)投入产出项的选取。

(3)DEA 模式的选取。

(4)评估结果的分析。

二、协调度与协调水平度模型

耦合是指两个或两个以上的系统通过各种相互作用而彼此影响以至协同的现象。协调是两个或两个以上系统或系统要素之间一种良性的相互关联,是系统之间或系统内部要素之间配合得当、和谐一致、良性循环的关系。[141]协调是多个系统或要素保持健康发展的保证。

1. 协调度模型

协调度可以定义为系统之间或系统组成要素之间在发展演化过程中彼此和谐一致的程度,它是对促进系统走向有序机理的协同作用的一种度量。[142]

当前,关于协调发展的评价模型有多种,各具特色。对于协调度的计算,曹利军在《可持续发展评价理论与方法》中采用下列公式来计算协调度[143]：

$$C = (G/N)\, e^{I-1}$$

C——协调度;I——区域环境质量指数;G——区域 GDP;N——区域人口

中科院生态环境研究中心殷兴军在《晋冀鲁豫接壤区"经济—环境"系统协调状态研究》中采用协调度综合评价值来评价晋冀鲁豫接壤区的可持续发展与生态环境的协调状况,其计算模型为[144]：

$$Z_P = 1/2(S_P + T_P)$$

Z_P——协调度综合评价值;S_P——生态环境综合评价值;T_P——包括农

业发展的投资环境综合评价值

根据协调度的概念,大量的研究采用变异系数来表示两个或两个以上系统的协调度。变异系数又称离散系数,反映两组或多组数据的变异或者离散程度,特别适用于比较度量不同单位资料的变异度。对于不同含义的数据,比较大小是没意义的,而变异系数是一个比值,没有单位,因此可用来比较单位不同的观察值的离散程度[124]。

设 X_1 与 X_2 是两个不同的系统,可以用变异系数 C_V 表示二者间的协调程度:

$$C_V = \frac{s}{\bar{x}}$$

C_V——变异系数;s——标准差;$\bar{x}$——平均值

$$s = \sqrt{\frac{\sum_{i=1}^{n}(x_i - \bar{x})^2}{n-1}} \quad n = 2$$

$$\bar{x} = (x_1 + x_2)/2$$

则 $C_V = \sqrt{2 \times \left[1 - \dfrac{x_1 x_2}{(\frac{x_1 + x_2}{2})^2}\right]}$,$\dfrac{x_1 x_2}{(\frac{x_1 + x_2}{2})^2}$ 越大,变异系数 C_V 越

小,X_1 与 X_2 越协调。因此,可以定义系统 X_1 与 X_2 的协调度模型为 $C = \left[\dfrac{x_1 x_2}{(\frac{x_1 + x_2}{2})^2}\right]^k$,$C$ 为协调度,k 为调节系数,一般情况下 $2 \leqslant k \leqslant 5$。$C$ 反映

了系统 X_1 与 X_2 协调的数量程度。

2. 协调水平度模型

协调发展是一种强调整体性、综合性和内在性的发展聚合,它不是单个系统或要素的"增长",而是多系统或要素在协调这一有益的约束和规定之下的综合发展。协调发展不允许任一系统或要素使整体或综合发展受影响。协调度 C 能较好反映系统 X_1 与系统 X_2 相互协调的程度,但在有些情况下却很难反映出系统 X_1 与系统 X_2 耦合成的复合系统的整体功能水平大小,

即,协调度 C 相当,但可能一个都是在高水平的协调,另一个可能都是在低水平的协调。[145]因此,设计系统 X_1 与系统 X_2 协调水平度的计算公式为:

$$D = \sqrt{CT}$$

D——协调水平度;C——协调度;T——系统 X_1 与 X_2 耦合成的复合系统功能的综合效率指数,它反映复合系统各要素整体功能水平[146]。与协调度模型相比,协调水平度具有更高的稳定性及更广的适用范围,可用于不同系统之间、同一系统在不同时期协调发展状况的定量评价和比较,具有较强的操作性。

三、灰色 GM(1,N) 动态评价模型

在控制论中,人们常用颜色的深浅来形容信息的明确程度。用"黑"表示信息未知,用"白"表示信息完全明确,用"灰"表示部分信息明确、部分信息不明确。相应地,信息未知的系统称为黑色系统,信息完全明确的系统称为白色系统,信息不完全确知的系统称为灰色系统。[147]

客观世界中存在着许多由多因素组成的各类灰色系统。这些系统及系统因素之间存在着非常复杂的相互关系。人们的直觉很容易被这些系统表面现象变化的随机性混淆,掩盖事物的本质,在对这些灰色系统进行认识、分析、预测和决策时得不到充分全面的信息,难以形成明确的概念。因此,不同系统之间、同系统中不同因素之间的关系都是灰的。

灰色系统理论和方法是 20 世纪 80 年代由我国学者邓聚龙教授提出的一种研究灰色系统的方法。概率统计主要用来研究"随机不确定性",模糊数学主要用来研究"认知不确定性",而灰色系统理论主要用于"部分信息已知,部分信息未知"的"贫信息"、"小样本"不确定性系统。为了对系统运行行为和演化规律进行正确把握和描述,它主要通过对"部分"已知信息的生成、开发去了解、认识现实世界。灰色系统理论是一种十分简便、易学易用的新理论,灰色系统模型对试验观测数据及其分布没有什么特殊的要求和限制,应用领域十分广泛。[147]

灰色系统理论认为一切随机量都是在一定时段上、一定范围内变化的灰色量及灰色过程。对于灰色量的处理,应该从无规律的原始数据中找出规律,而不是去寻找它的概率分布和统计规律,也就是说,应该通过一定方式(如:数据的累加生成、累减生成、均值生成、级比生成)对数据进行处理,使其成为较有规律的时间序列数据,再建立模型。因为再复杂的客观系统也总是有关联、有整体功能、因而有序的。因此,作为表现系统行为特征的数据,总是蕴含着某种规律。"模块"是经过一定方式处理而生成的序列数据。它的几何意义是在数据和时间二维平面上生成序列数据所形成的连续曲线与其横坐标的总称。[148] 常用的灰色动态 GM 模型有 GM(1,1)模型、GM(2,1)模型、GM(1,N)模型等。GM(1,1)模型和 GM(2,1)模型为单序列现行动态模型。GM(1,N)模型是描述多变量的一阶线性动态模型,主要用于系统的动态分析。

根据本书的性质和目的,以下重点介绍 GM(1,N)模型。

第一步:

一般情况下,对于给定的原始数据列:

$X_i^{(0)} = (X_i^{(0)}(1), X_i^{(0)}(2), \cdots, X_i^{(0)}(n))$ $i = 1, 2, \cdots, N$(N 为指标个数,n 为时期),不能直接用于建模,因为这些数据多为随机的、无规律的。对 $X_i^{(0)}$ 做累加生成,得到生成数列:

$$X_i^{(1)} = (X_i^{(0)}(1), \sum_{m=1}^{2} X_i^{(0)}(m), \cdots, \sum_{m=1}^{n} X_i^{(0)}(m))$$

$$= (X_i^{(1)}(1), X_i^{(1)}(1) + X_i^{(0)}(2), \cdots, X_i^{(1)}(n-1) + X_i^{(0)}(n))$$

$i = 1, 2, \cdots, N$

新生成的数据列弱化了原始数列的随机性、增强了原始数列的规律性。对于非负的数据列,越多的累加次数,规律性越强、随机性弱化越明显,用指数函数比较容易逼近。可见,上述数据处理能够达到两个目的:

(1)将原始数据列的随机性弱化,找到其变化的规律性。

(2)为建立动态模型提供中间信息。

第二步:

对于生物学、社会经济学等系统,应用微分方程描述系统内部动态特征。即,用微分方程拟合上述生成序列。因为:

(1)灰色理论将随机量当作是在一定范围内变化的灰色量,将随机过程当作是在一定幅区和一定时区变化的灰色过程。

(2)灰色理论将无规律的原始数据生成为较有规律的生成数列后再建模。所以,灰色 GM 建模实际上是生成数据模型,而一般建模所用的是原始数据模型。

(3)通过 GM 模型得到的数据,必须经过逆生成还原后才能有用。

(4)灰色理论认为微分方程是背景与各阶导数(灰导数)的某种组合(线性或非线性的)。

可见,灰色模型 GM 是揭示系统内部事物连续发展变化过程,用离散的时间序列数据建立近似连续的微分方程模型。灰色 GM 模型的一般形式为 GM$(1,N)$,它反映了 $N-1$ 个变量对某一变量的一阶导数的影响,而建模的实质就是建立微分方程的系数。

我们将数列 $X_i^{(1)}$ 的时刻 $k=1,2,\cdots,n$ 看作连续的变量 t,而将数列 $X_i^{(1)}$ 转而看成时间 t 的函数 $X_i^{(1)}=X_i^{(1)}(t)$。如果数列 $X_2^{(1)},X_3^{(1)},\cdots,X_N^{(1)}$($N$ 为指标个数)对 $X_1^{(1)}$ 的变化率产生影响,则可建立白化式微分方程

$$\frac{\mathrm{d}X_1^{(1)}}{\mathrm{d}t}+aX_1^{(1)}=b_1X_2^{(1)}+b_2X_3^{(1)}+\cdots+b_{N-1}X_N^{(1)} \tag{4-6}$$

这个微分方程模型记为 GM$(1,N)$。

方程(4-6)的参数列记为 $\boldsymbol{\alpha}=(a,b_1,b_2,\cdots b_{N-1})^{\mathrm{T}}$,再设 $Y_N=(X_1^{(0)}(2),X_1^{(0)}(3),\cdots,X_1^{(0)}(n))^{\mathrm{T}}$,将方程(4-6)按差分法离散,可得到线性方程组,形如

$$Y_N=\boldsymbol{B}\hat{\boldsymbol{\alpha}} \tag{4-7}$$

按照最小二乘法,有

$$\hat{\boldsymbol{\alpha}}=(\boldsymbol{B}^{\mathrm{T}}\boldsymbol{B})^{-1}\boldsymbol{B}^{\mathrm{T}}Y_N \tag{4-8}$$

其中,利用两点滑动平均的思想,最终可得矩阵

$$B = \begin{pmatrix} -\frac{1}{2}(X_1^{(1)}(1) + X_1^{(1)}(2)) & X_2^{(1)}(2) & \cdots & X_N^{(1)}(2) \\ -\frac{1}{2}(X_1^{(1)}(2) + X_1^{(1)}(3)) & X_2^{(1)}(3) & \cdots & X_N^{(1)}(3) \\ \vdots & & \vdots & \vdots \\ -\frac{1}{2}(X_1^{(1)}(n-1) + X_1^{(1)}(n)) & X_2^{(1)}(n) & \cdots & X_N^{(1)}(n) \end{pmatrix}$$

求出 $\hat{\alpha}$ 后,微分方程(4-6)便确定了。

若 $n-1 < N$,则方程组(4-7)的方程个数少于未知数的个数,此时,$B^{\mathrm{T}}B$ 是奇异矩阵,我们无法利用(4-8)式得到 $\hat{\alpha}$,我们称这时的信息为贫信息。考虑到向量 $\hat{\alpha}$ 的元素实际上是各子因素对母因素影响大小的反映,因此,引入矩阵 M 对 $\alpha^{\mathrm{T}}\alpha$ 做加权极小化。对未来发展趋势减弱的子因素加以较大的权,对有发展潜力的子因素加以较小的权,这样做可把未来的可能情形也考虑进来,使之更好地反映未来的实际情况。具体地,令

$$M = diag(\alpha_1, \alpha_2, \cdots, \alpha_N)$$

其中,若 X_i 对 X_1 的影响有减弱的趋势,则 α_i 相应较大;反之,若 X_i 对 X_1 的影响有增加的趋势,则 α_i 相应较小。此时,计算向量 $\hat{\alpha}$ 可采用下面的公式

$$\hat{\alpha} = M^{-1}B^{\mathrm{T}}(BM^{-1}B^{\mathrm{T}})^{-1}Y_N \tag{4-9}$$

微分方程(4-6)的系数 α 为系统发展系数或行为因子。b_i 为驱动系数或行为因子的作用因子,b_i 值的大小反映相应因素对系统的影响程度的大小,$b_i > 0$,表示该因素对主因素 X_1 有促进作用;$b_i < 0$,表示该因素对主因素 X_1 的正向激励还欠显著或有阻碍作用。

第三步:

求微分解方程(4-6),可得 GM(1,N) 模型为:

$$\hat{x}_1^{(1)}(t+1) = \left[x_1^{(0)}(1) - \frac{1}{a}\sum_{i=2}^{N}b_{i-1}x_i^{(1)}(t+1)\right]e^{-at} + \frac{1}{a}\sum_{i=2}^{N}b_{i-1}x_i^{(1)}(t+1)$$

$$\tag{4-10}$$

通过累减进行数据还原:

$$\hat{x}_1^{(0)}(t+1) = \hat{x}_1^{(1)}(t+1) - \hat{x}_1^{(1)}(t) \qquad (t=1,2,\cdots,n) \tag{4-11}$$

$\hat{x}_1^{(0)}(t+1)$ 为第 $t+1$ 期的预测值。利用式(4-10)和式(4-11)可以对因素 X_1 未来的发展趋势值加以预测。

可以采用残差检验、关联度检验和后验差检验确定模型(4-10)的拟合精度,如果不能通过检验,需要对模型进行残差修正。

在对具体问题进行研究时,可以根据问题的性质和研究目的选取上述步骤用于实证研究。

灰色动态模型在预测、决策、建模方面,更多的是体现系统由灰变白的特点,即将灰色系统由抽象对象转化为"同构"实体,而不再局限于处理灰数和灰元。灰色系统理论认为社会、经济系统的许多因素、现象由于具有随机性,都是灰色量。与基于先验信息、统计规律(如:概率分布、方差、均值……)等来处理随机量的概率论不同,灰色系统通过数据处理来分析和对待随机量,也就是通过数据到数据的"映射"、时间序列到时间序列的"映射"来处理随机量和发现规律。灰色建模、预测、决策的基础就是"灰数据映射"。作为一种高层次的量化模型,灰色动态模型更为深刻地揭示出输入与输出之间的数量关系或转化规律,是系统分析、优化的基础。

第二节　林业应对气候变化政策
机制综合评价模型构建

一、综合评价模型构建思路

林业应对气候变化政策机制系统是一个由碳增汇政策机制子系统、碳贮存政策机制子系统和碳替代政策机制子系统耦合协同而成的复合系统。对该复合系统进行综合评价研究,不但要评价复合系统整体及其各子系统的综合效率水平,还要对其子系统之间、子系统与复合系统整体之间的协调程度,以及各子系统对复合系统整体的作用方向和程度进行研究,以便在此基础上更加有针对性地调整对复合系统的输入,健全、完善相关政策机制,使复合系统始终保持在有序的耗散状态,更好地实现复合系统整体的功能目标。根据问题的性质和本书的研究目的,本书在借鉴前人研究基础之上,构建出基于 CCR – DEA 模型、BCC – DEA模型、超效率 CCR – DEA 模型的林业应对气候变化政策机制综合效率指数模型、基于变异系数法的林业应对气候变化政策机制协调度与协调水平度模型以及基于灰色 $GM(1, N)$ 方法的林业应对气候变化政策机制动态协调发展模型对中国林业应对气候变化政策机制复合系统进行定量综合评价研究。

二、综合评价模型构建

1. 基于 CCR – DEA、BCC – DEA 以及超效率 CCR – DEA 方法的林业应对气候变化政策机制综合效率指数模型

决策单元 DMU_i:

以同一区域不同时间段或不同区域同一时间段林业应对气候变化政策机制综合运行效果作为决策单元。

输入输出指标:

以本书第三章中所确定的指标体系的输入指标和输出指标作为相应的输入与输出指标。

林业应对气候变化政策机制综合效率指数的确定:

第一步,以第三章中确定的全部 19 个输入指标作为输入指标,全部 21 个输出指标作为输出指标,将相应的输入输出指标值输入 CCR – DEA 模型,以模型的 θ 值为依据判断相应决策单元林业应对气候变化政策机制复合系统的综合有效性,并把 θ 值作为该复合系统的综合效率值。

以第二章中碳增汇子模块中的 3 个输入指标作为输入指标,7 个输出指标作为输出指标,将相应的输入输出指标值输入 CCR – DEA 模型,以模型的 θ 值(记为 θ_1)为依据判断相应决策单元林业应对气候变化碳增汇政策机制子系统相关政策机制的综合有效性,并把 θ_1 值作为该子系统的综合效率值。

以第三章中碳贮存子模块中的 8 个输入指标作为输入指标,10 个输出指标作为输出指标,将相应的输入输出指标值输入 CCR – DEA 模型,以模

型的 θ 值(记为 θ_2)为依据判断相应决策单元林业应对气候变化碳贮存政策机制子系统相关政策机制的综合有效性,并把 θ_2 值作为该子系统的综合效率值。

以第三章中碳替代子模块中的 8 个输入指标作为输入指标,6 个输出指标作为输出指标,将相应的输入输出指标值输入 CCR - DEA 模型,以模型的 θ 值(记为 θ_3)为依据判断相应决策单元林业应对气候变化碳替代政策机制子系统相关政策机制的综合有效性,并把 θ_3 值作为该子系统的综合效率值。

根据综合效率值 θ、θ_1、θ_2、θ_3 的大小,以及得到的相应最优解 s^+、s^- 和 λ,可以判断决策单元相应的政策机制是否已达到综合效率最优,是否存在着减少投入(即:投入冗余,产出不变的条件下可减少投入)增加产出(即:产出不足,投入不变情况下可加大产出)的潜力,以及是处于规模收益递增状态还是规模收益递减状态。

第二步,采用 BCC - DEA 模型,重复步骤一。得到的 θ 值依次记为 θ^{BCC}、θ_1^{BCC}、θ_2^{BCC}、θ_3^{BCC},用以反映林业应对气候变化政策机制复合系统及其碳增汇、碳贮存、碳替代政策机制子系统的纯技术效率。

第三步,用第一步得到的综合效率值 θ 除以第二步得到的纯技术效率值 θ^{BCC},得到林业应对气候变化政策机制复合系统及其碳增汇、碳贮存、碳替代政策机制子系统的规模效率值 θ^S。记 $\theta^S = \theta / \theta^{BCC}$、$\theta_1^S = \theta_1 / \theta_1^{BCC}$、$\theta_2^S = \theta_2 / \theta_2^{BCC}$、$\theta_3^S = \theta_3 / \theta_3^{BCC}$。由此可将综合效率值分解为纯技术效率和规模效率两部分,以便于进一步了解技术效率欠缺的原因是来自规模无效率还是纯技术无效率。

第四步,采用超效率 CCR - DEA 模型,重复步骤一。得到的 θ 值依次记为 θ^{SUP}、θ_1^{SUP}、θ_2^{SUP}、θ_3^{SUP},作为林业应对气候变化政策机制复合系统及其碳增汇、碳贮存、碳替代政策机制子系统的综合效率指数,用以反映相应决策单元林业应对气候变化政策机制复合系统的综合运行效果及其碳增汇、碳贮存、碳替代子系统相关政策机制应对气候变化的综合效果。

2. 基于变异系数法的林业应对气候变化政策机制协调度与协调水平度模型

构建协调度模型 $C_{123} = \{\theta_1^{\text{SUP}}\theta_2^{\text{SUP}}\theta_3^{\text{SUP}} / [(\theta_1^{\text{SUP}} + \theta_2^{\text{SUP}} + \theta_3^{\text{SUP}})/3]^3\}^k$（$k$ 为调节系数，本书取 $k = 2$）和协调水平度模型 $D_{123} = \sqrt{\theta^{\text{SUP}}C_{123}}$，用以评价决策单元林业应对气候变化碳增汇、碳贮存、碳替代三个政策机制子系统相互之间的协调程度及协调水平。

构建协调度模型 $C_j = \{\theta_j^{\text{SUP}}\theta^{\text{SUP}} / [(\theta_j^{\text{SUP}} + \theta^{\text{SUP}})/2]^2\}^k$（$k$ 为调节系数，本书取 $k = 2$）（$j = 1, 2, 3$）和协调水平度模型 $D_j = \sqrt{\theta_j^{\text{SUP}}C_j}$（$j = 1, 2, 3$），用以评价决策单元林业应对气候变化碳增汇、碳贮存、碳替代三个政策机制子系统分别与林业应对气候变化政策机制复合系统整体之间的协调程度及协调水平。

3. 基于灰色 GM(1, N) 方法的林业应对气候变化政策机制动态协调发展模型

根据得出的林业应对气候变化政策机制复合系统及其碳增汇、碳贮存、碳替代政策机制子系统的综合效率指数 θ^{SUP}、θ_1^{SUP}、θ_2^{SUP}、θ_3^{SUP}，本书借助灰色 GM(1, N) 模型建立起林业应对气候变化政策机制动态协调发展模型，用以研究碳增汇、碳贮存、碳替代政策机制子系统对林业应对气候变化政策机制复合系统整体的作用方向和程度。

将林业应对气候变化政策机制复合系统综合效率指数设定为行为因子，记为 X_1，则 $X_1 = (\theta_{11}^{\text{SUP}}, \theta_{12}^{\text{SUP}}, \cdots, \theta_{1i}^{\text{SUP}}, \cdots)$，其中 θ_{1i}^{SUP} 对应第四章第二节得出的林业应对气候变化政策机制复合系统综合效率指数 θ^{SUP}；将林业应对气候变化碳增汇、碳贮存、碳替代政策机制子系统综合效率指数设定为行为因子的作用因子，记为 X_2、X_3、X_4，则 $X_2 = (\theta_{21}^{\text{SUP}}, \theta_{22}^{\text{SUP}}, \cdots, \theta_{2i}^{\text{SUP}}, \cdots)$，$X_3 = (\theta_{31}^{\text{SUP}}, \theta_{32}^{\text{SUP}}, \cdots, \theta_{3i}^{\text{SUP}}, \cdots)$，$X_4 = (\theta_{41}^{\text{SUP}}, \theta_{42}^{\text{SUP}}, \cdots, \theta_{4i}^{\text{SUP}}, \cdots)$，其中 θ_{2i}^{SUP}、θ_{3i}^{SUP}、θ_{4i}^{SUP} 对应第四章第二节得出的林业应对气候变化政策机制碳增汇、碳贮存、碳替代政策机制子系统的综合效率指数 θ_1^{SUP}、θ_2^{SUP}、θ_3^{SUP}，（这里的 i 为决策单元数，$i = 1, 2, \cdots, n$）。建立 X_1、X_2、X_3、X_4 之间的灰色 GM(1, N) 模型，研究它们之间的相互作用方向及程度。

第一步，构建原始数据矩阵 $X_N^{(0)} = \begin{pmatrix} \theta_{11}^{SUP} & \theta_{21}^{SUP} & \theta_{31}^{SUP} & \theta_{41}^{SUP} \\ \theta_{12}^{SUP} & \theta_{22}^{SUP} & \theta_{32}^{SUP} & \theta_{42}^{SUP} \\ \cdots & \cdots & \cdots & \cdots \\ \theta_{1i}^{SUP} & \theta_{2i}^{SUP} & \theta_{3i}^{SUP} & \theta_{4i}^{SUP} \end{pmatrix}$，$N$ 为指标

数，这里 $N = 1,2,3,4$，　i 为决策单元数，$i = 1,2,\cdots,n$。

第二步，对原始数据矩阵 $X_N^{(0)}$ 累加，得到一次累加生成的数据矩阵 $X_N^{(1)}$：

$$X_N^{(1)} = \begin{pmatrix} \sum\limits_{i=1}^{2} \theta_{1i}^{SUP} & \sum\limits_{i=1}^{2} \theta_{2i}^{SUP} & \sum\limits_{i=1}^{2} \theta_{3i}^{SUP} & \sum\limits_{i=1}^{2} \theta_{4i}^{SUP} \\ \sum\limits_{i=1}^{3} \theta_{1i}^{SUP} & \sum\limits_{i=1}^{3} \theta_{2i}^{SUP} & \sum\limits_{i=1}^{3} \theta_{3i}^{SUP} & \sum\limits_{i=1}^{3} \theta_{4i}^{SUP} \\ \cdots & \cdots & \cdots & \cdots \\ \sum\limits_{i=1}^{n} \theta_{1i}^{SUP} & \sum\limits_{i=1}^{n} \theta_{2i}^{sup} & \sum\limits_{i=1}^{n} \theta_{3i}^{SUP} & \sum\limits_{i=1}^{n} \theta_{4i}^{SUP} \end{pmatrix}$$

第三步，构造微分方程：

$$\frac{dX_1^{(1)}}{dt} + aX_1^{(1)} = b_1 X_2^{(1)} + b_2 X_3^{(1)} + b_3 X_4^{(1)} \tag{4-12}$$

方程（4-12）的参数列记为 $\boldsymbol{\alpha} = (a, b_1, b_2, b_3)^T$

第四步，设 $Y_N = (X_1^{(0)}(2), X_1^{(0)}(3), \cdots, X_1^{(0)}(i))^T$，将方程（4-12）按差分法离散，可得到线性方程组，形如：

$$Y_N = \boldsymbol{B}\hat{\boldsymbol{\alpha}}$$

第五步，利用最小二乘法，求得方程（4-12）的参数列值 $\boldsymbol{\alpha} = (a, b_1, b_2, b_3)^T$。

第六步，求微分解方程（4-12），可得 GM$(1,N)$ 模型为：

$$\hat{x}_1^{(1)}(t+1) = \left[x_1^{(0)}(1) - \frac{1}{a} \sum_{j=2}^{N} b_{j-1} x_j^{(1)}(t+1) \right] e^{-at} + \frac{1}{a} \sum_{j=2}^{N} b_{j-1} x_j^{(1)}(t+1) \quad N = 1,2,3,4 \tag{4-13}$$

通过累减进行数据还原:

$$\hat{x}_1^{(0)}(t+1) = \hat{x}_1^{(1)}(t+1) - \hat{x}_1^{(1)}(t) \quad (t=1,2,\cdots,n) \quad (4-14)$$

$\hat{x}_1^{(0)}(t+1)$ 为第 $t+1$ 期的预测值。

在分析林业应对气候变化政策机制复合系统中作用变量与行为变量的作用关系时,主要考虑的是模型中的系数 a(称为自我发展系数)和 b_1、b_2、b_3。$a<0$ 时,对其自身第 t 年的值起到正向推动作用,表示系统自身有一定发展能力;反之,当 $a>0$ 时则表示系统无自我发展能力。如果某个 $b_j \geq 0$,$j=1,2,3$,说明系统的作用变量 x_{j+1} 对系统的行为变量 x_1 起正向推动作用;若 b_1、b_2、b_3 均 ≥ 0,则称系统的作用变量 x_2、x_3、x_4 与系统的行为变量 x_1 在结构上协调,简称结构协调。在系统变量 x_2、x_3、x_4 的作用下,如果系统行为变量 $x_1^{(0)}$ 在时间点 t 与前一个时间点 $t-1$ 处相比较满足 $x_1^{(0)}(t) > x_1^{(0)}(t-1) > 0$,即系统行为变量在数量上有所增长,则称系统的作用变量 x_2、x_3、x_4 与系统的行为变量 x_1 在时间点 t 处是数量协调的。本书重点研究系统的作用变量 x_2、x_3、x_4 与系统的行为变量 x_1 的结构协调关系。

通过系数 b_1,b_2,b_3 可以看出碳增汇、碳贮存、碳替代子系统对整个林业应对气候变化政策机制复合系统的作用程度和方向。如果系数为正数,则说明起促进作用,如果系数为负数,则说明起制约作用。系数值的绝对值越大,所起的作用越大。

本章小结

本章主要是选择并构建适合本书的评价方法模型。具体有:

(1)构建出基于 CCR – DEA、BCC – DEA 以及超效率 CCR – DEA 方法的林业应对气候变化政策机制综合效率指数模型,用以测度评价林业应对气候变化政策机制复合系统及其碳增汇、碳贮存、碳替代政策机制子系统的综合效率、技术效率、规模效率,以及综合效率指数,并找出 DEA 弱有效和无效决策单元的系统优化的方向。

(2)构建出基于变异系数法的林业应对气候变化政策机制协调度与协

调水平度模型,用以测度评价碳增汇、碳贮存、碳替代政策机制子系统之间,以及碳增汇、碳贮存、碳替代政策机制子系统与林业应对气候变化政策机制复合系统之间的协调状态和协调水平。

(3)构建出基于灰色 GM(1,N)方法的林业应对气候变化政策机制动态协调发展模型,用以测度评价碳增汇、碳贮存、碳替代政策机制子系统对林业应对气候变化政策机制复合系统的作用方向和程度。

第五章 实证分析——黑龙江省国有重点林区林业应对气候变化政策机制综合评价

第一节 黑龙江省国有重点林区概况

根据 2012 年 6 月 14 日黑龙江省第十一届人民代表大会常务委员会第三十三次会议通过的、2012 年 8 月 1 日起施行的《黑龙江省国有重点林区条例》,黑龙江省国有重点林区是指由国家核发林权证以及由国家或者黑龙江省人民政府依照行政划拨方式确定,并由黑龙江省森林工业总局管理的经济社会区域。黑龙江省森林工业总局是黑龙江省人民政府对黑龙江省国有重点林区实施行政管理的主管部门,负责黑龙江省国有重点林区的行政管理工作,行使黑龙江省国有重点林区的省级林业行政管理权和市级人民政府的行政执法权。黑龙江省国有重点林区的林业管理局及其所属机构受黑龙江省国有重点林区主管部门及其所属机构的委托,行使相应的行政执法权,负责所管区域的行政管理工作。黑龙江省国有重点林区的林业局行使县级人民政府的行政执法权,负责所管区域的行政管理工作。黑龙江省国有重点林区以培育保护森林资源为基本任务,以建设完备的森林生态体系、完善的生态主导型经济体系、高效的社会事务管理体系,促进经济发展、社会文明和谐与人民生活富裕为主要目标。

黑龙江省国有重点林区(又称黑龙江省森林工业总局、中国龙江森林工业集团总公司)北起黑龙江边,西连松嫩平原,南与吉林省交界,东与俄罗斯相邻,纵贯小兴安岭、完达山、张广才岭、老爷岭等山系,经营总面积1009.8万公顷,约占黑龙江省国土面积的1/4。林区山岭逶迤,河流纵横。有风景幽美的镜泊湖,五大连池。主要可通航河流松花江从中部贯穿全区,黑龙江由林区北部自西向东,乌苏里江由林区东部自南向北,三江汇合后流经俄罗斯入海。较大河流还有牡丹江、穆棱河、汤汪河、蚂蚁河、绥芬河等。最高峰为大海林、山河屯、亚布力林业局交界处的大顶子山,海拔为1780米。全区属低海拔缓坡地形,地势平缓。林区气候因受内陆及海洋气候和季风的交替影响,变化多端,差异显著。总的情况是:冬季漫长、干燥而严寒,夏季短暂而湿热,春季多大风,气候干燥,秋季降温极快,常有冻害发生。属于寒温带大陆性季风气候。无霜期130天左右。全年降水量在400—700毫米之间,降水季节集中在每年的七、八月份。全区夏季多东南风,冬季多西北风。全区土地以暗棕壤为主。低海拔区主要分布各种类型的草甸土和沼泽土,土层较厚。林区的水、温度和土壤条件比较有利于植物的生长。林区植物种类繁多,各种乔灌植物以其不同的生物学特性形成不同的植物群落。以阔叶混交林分布最广,针阔混交林和以红松为优势的红松阔叶混交林占有较大比重。[149]根据2010年黑龙江省森林工业总局森林清查数据:黑龙江省国有重点林区有林地面积846万公顷,占全国国有林区的29.3%;活立木总蓄积7.7亿立方米,占全国国有林区的27.7%,其中用材林近、成、过熟林蓄积0.38亿立方米。近年来,林区森林面积蓄积稳步增长,但从林龄上看,中、幼龄林仍占较大比重(如图5-1、图5-2所示);从用途结构上看,以公益林为主,防护林和特种用途林面积占比为33.57%,用材林面积占比为24.35%,经济林面积占比仅为0.02%(如图5-3所示)。辖区内除林木资源外,还有多种经营用地386.2万亩,林区内野生动物460多种,野生高等植物2200多种。林区自然景观优美,由森林为主体的原始生态群落构成的森林旅游资源非常丰富。

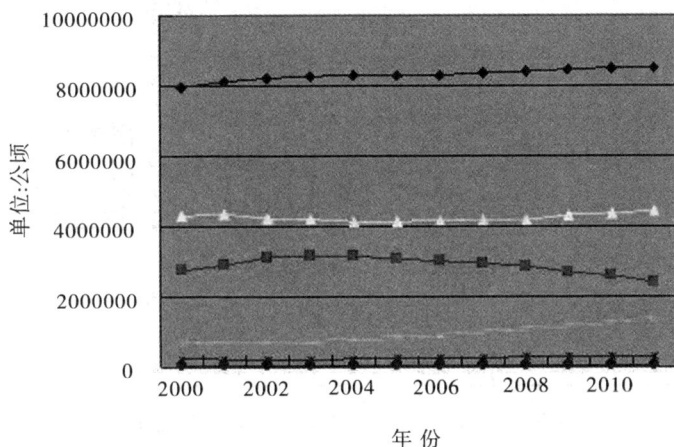

图 5 - 1　黑龙江省国有重点林区森林面积

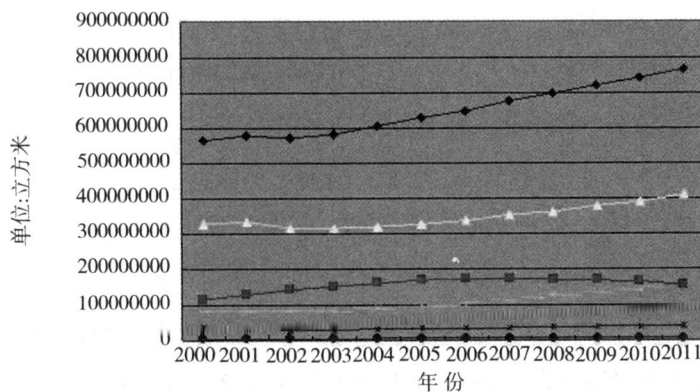

图 5 - 2　黑龙江省国有重点林区森林蓄积

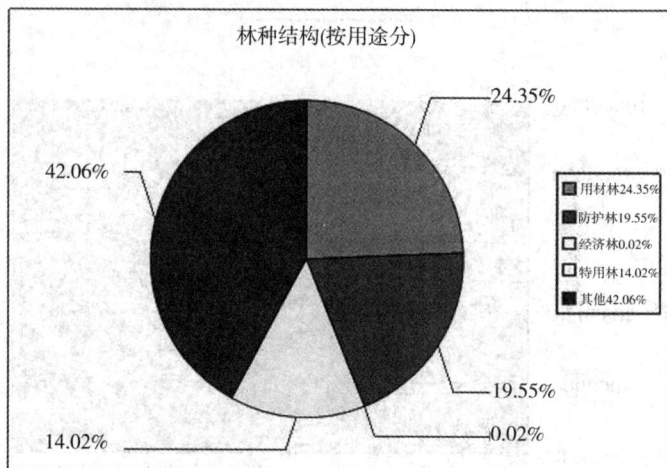

图 5 - 3　黑龙江省国有重点林区林种结构

　　黑龙江省国有重点林区现下辖伊春、松花江、合江、牡丹江等 4 个林业管理局,县处级以上成员单位 140 个,其中林业局 40 个、林产工业企业 19个、林业机电企业 8 个、建材企业 2 个、基建企业 4 个、直属公司(企业)15个、事业单位 52 个,林区职工 72.5 万人。[150] 黑龙江省国有重点林区形成了以营林生产、木材生产、林产工业、多种经营四大支柱产业为骨干,集科、林、工、贸于一体,产、供、销一条龙,全面开发森林资源的生产经营体系,是我国最大的国有林区和森林工业集团。林区主要产品产量在全国同行业中占据重要地位,生产经营的项目主要有营林、木材、锯材、木片、人造板、家具、木制品、林化产品、造纸、制药、山野菜、野生药材、山副产品、粮食、饲料、蔬菜、肉蛋禽等农副产品、煤炭、石材,以及机械加工、建筑工程、建材、电力等 23 类系列产品和商饮服务业等第三产业,产品销往国内外。现有木材生产能力 1260 万立方米,锯材生产能力 198 万立方米,人造板生产能力 98 万立方米。[151]

第二节　黑龙江省国有重点林区林业
应对气候变化政策机制综合评价

根据第三章第四节中已建立的评价指标体系和第四章第二节中构建的基于 CCR – DEA、BCC – DEA、超效率 CCR – DEA 方法的林业应对气候变化政策机制综合效率指数模型、基于变异系数法的林业应对气候变化政策机制协调度与协调水平度模型以及基于灰色 GM(1, N) 方法的林业应对气候变化政策机制动态协调发展模型对黑龙江省国有重点林区林业应对气候变化政策机制进行综合评价。评价黑龙江省国有重点林区林业应对气候变化政策机制复合系统及其碳增汇、碳贮存、碳替代政策机制子系统的综合效率水平、协调发展状态和水平以及各子系统对整个复合系统的作用方向与程度。

一、数据来源及数据处理

1. 数据来源

本书绝大部分原始数据来源于《中国林业统计年鉴》(2003 年至 2011年),部分数据来源于黑龙江省森林工业总局资源局森林资源清查数据以及国家林业局驻黑龙江省专员办调查数据。原始数据见附表1。

2. 数据处理

(1)缺省值的处理

对于统计资料出现的个别缺省数据,采取插值法——内插法和外插法进行处理。

内插法的计算公式为:$x_n = \dfrac{x_{n+1} - x_{n-1}}{2} + x_{n-1}$,其中 x_n 为缺省数据,x_{n-1}、x_{n+1} 为缺省数据相邻的两个数据。

外插法的计算公式为:$x = \dfrac{x_2 - x_1}{n_2 - n_1} + x_2$,其中 x 为缺省数据,x_1、x_2 为

缺省数据相邻的两个数据。

（2）原始数据的规范化

数据的规范化即数据的无量纲化，就是把不同计量单位的指标数值改造成可以直接加总的同量纲数值。即通过数学变换消除计量单位对原数据的影响。数据的无量纲化是综合评价的前提，无量纲化过程实际上就是建立单项评价指标的评价函数的过程，即是把实际值转化为评价值的过程。根据指标实际值和无量纲化结果数值的关系特征，数据的无量纲化方法可以分为三大类：直线型无量纲化方法（包括阈值法、指数法、标准化方法、比重法）、折线型无量纲化方法（包括凸折线型法、凹折线型法、三折线型法）、曲线型无量纲化方法。目前常见的无量纲化处理方法主要有极值化、标准化、均值化以及标准差化方法。根据本书原始指标数据的性质和特点，采用极大值法对原始数据进行无量纲化处理，公式为：

$$X_i = \frac{x_i}{\max(x_i)}$$

其中：X_i 为处理后的无量纲化数据，x_i 为原始数据，$\max(x_i)$ 为原始数据时间序列中的最大值。

处理后的无量纲化数据见附表2。

二、政策机制综合效率指数测度与评价

根据所研究问题的性质和研究目的，本书采用第三章第四节中已建立的评价指标体系和第四章第二节中构建的基于 CCR – DEA、BCC – DEA、超效率 CCR – DEA 方法的林业应对气候变化政策机制综合效率指数模型对 2003 年至 2010 年黑龙江省国有重点林区林业应对气候变化政策机制进行综合效率指数测度与评价。计算软件为 DPS9.5，选项为 Input。（Input：在一定产出下，以最小投入与实际投入之比来估计。或者说，决策者追求的倾向是输入的减少，即求 θ 的最小。Output：在一定的投入组合下，以实际产出与最大产出之比来估计。或者说，决策者追求的倾向是输出的增大，即求 z 的最大。）

由于 DEA 方法的固有特征,并不需要对原始数据进行无量纲化处理。然而为了方便且不失一般性,本书采用对原始数据加以无量纲化处理后的数据进行 DEA 分析。无纲量化处理后的数据见附表 2。

输入输出指标见表 5-1、表 5-2、表 5-3、表 5-4。

表 5-1　黑龙江省国有重点林区林业应对气候变化政策机制综合效率评价输入输出指标

输入指标	输出指标
造林投资(万元)X_1	森林覆盖率(%)Y_1
中、幼龄林抚育投资(万元)X_2	林地生产率(立方米/公顷)Y_2
种苗工程投资(万元)X_3	造林面积(公顷)Y_3
森林公安投资(万元)X_4	年末实有育苗面积(公顷)Y_4
森林管护投资(万元)X_5	幼林抚育实际面积(公顷)Y_5
天保工程民生投入(万元)X_6	幼林抚育作业面积(公顷次)Y_6
野生动植物保护及自然保护区投资(万元)X_7	成林抚育面积(公顷)Y_7
林业专项补助(万元)X_8	林政案件查处数(件)Y_8
森工固定资产投资(万元)X_9	伐区凭证采伐率(%)Y_9
森林防火投资(万元)X_{10}	木材凭证运输率(%)Y_{10}
森林病虫鼠害防治投资(万元)X_{11}	伐区作业质量合格率(%)Y_{11}
营林固定资产投资(万元)X_{12}	森林管护面积(公顷)Y_{12}
多种经营用地年末实有(公顷)X_{13}	自然保护区面积(公顷)Y_{13}
发展多种经营生产资金中国家投资额(万元)X_{14}	森林火灾未受灾率(%)Y_{14}
发展多种经营生产资金中企业投资额(万元)X_{15}	森林病虫鼠害防治率(%)Y_{15}
发展多种经营生产资金中银行贷款额(万元)X_{16}	营林产值占比(%)Y_{16}
发展多种经营生产资金中联营投资额(万元)X_{17}	多种经营产值占比(%)Y_{17}
发展多种经营生产资金中个人集资额(万元)X_{18}	旅游业产值占比(%)Y_{18}
育林基金等林业税费减免额(万元)X_{19}	木材采运业与林产工业产值占比(%)Y_{19}
	原木产量(立方米)Y_{20}
	薪材产量(立方米)Y_{21}

表 5 - 2　黑龙江省国有重点林区林业应对气候变化碳增汇政策
机制子系统综合效率评价输入输出指标

输入指标	输出指标
造林投资(万元)X_1	森林覆盖率(%)Y_1
中、幼龄林抚育投资(万元)X_2	林地生产率(立方米/公顷)Y_2
种苗工程投资(万元)X_3	造林面积(公顷)Y_3
	年末实有育苗面积(公顷)Y_4
	幼林抚育实际面积(公顷)Y_5
	幼林抚育作业面积(公顷次)Y_6
	成林抚育面积(公顷)Y_7

表 5 - 3　黑龙江省国有重点林区林业应对气候变化碳贮存政策
机制子系统综合效率评价输入输出指标

输入指标	输出指标
森林公安投资(万元)X_1	森林覆盖率(%)Y_1
森林管护投资(万元)X_2	林地生产率(立方米/公顷)Y_2
天保工程民生投入(万元)X_3	林政案件查处数(件)Y_3
野生动植物保护及自然保护区投资(万元)X_4	伐区凭证采伐率(%)Y_4
林业专项补助(万元)X_5	木材凭证运输率(%)Y_5
森工固定资产投资(万元)X_6	伐区作业质量合格率(%)Y_6
森林防火投资(万元)X_7	森林管护面积(公顷)Y_7
森林病虫鼠害防治投资(万元)X_8	自然保护区面积(公顷)Y_8
	森林火灾未受灾率(%)Y_9
	森林病虫鼠害防治率(%)Y_{10}

表 5 - 4   黑龙江省国有重点林区林业应对气候变化碳替代政策

机制子系统综合效率评价输入输出指标

输入指标	输出指标
营林固定资产投资(万元)X_1	营林产值占比(%)Y_1
多种经营用地年末实有(公顷)X_2	多种经营产值占比(%)Y_2
发展多种经营生产资金中国家投资额(万元)X_3	旅游业产值占比(%)Y_3
发展多种经营生产资金中企业投资额(万元)X_4	木材采运业与林产工业产值占比(%)Y_4
发展多种经营生产资金中银行贷款额(万元)X_5	原木产量(立方米)Y_5
发展多种经营生产资金中联营投资额(万元)X_6	薪材产量(立方米)Y_6
发展多种经营生产资金中个人集资额(万元)X_7	
育林基金等林业税费减免额(万元)X_8	

计算结果见表 5 - 5。

表 5 - 5   黑龙江省国有重点林区林业应对气候变化政策

机制综合效率评价结果

	年份	θ	θ^{BCC}	θ^S	θ^{SUP}
	DMU_1 2003	1	1	1	166.4759
	DMU_2 2004	1	1	1	1.026
	DMU_3 2005	1	1	1	1.052
林业应对气候变化	DMU_4 2006	1	1	1	6.3664
政策机制复合系统	DMU_5 2007	1	1	1	2.1834
综合效率指数	DMU_6 2008	1	1	1	1.057
	DMU_7 2009	1	1	1	99.2926
	DMU_8 2010	1	1	1	14.5334

续表

		年份	θ	θ^{BCC}	θ^{S}	θ^{SUP}
	DMU_1	2003	0.4159	1	0.4159	0.3756
	DMU_2	2004	0.4645	1	0.4645	0.4382
	DMU_3	2005	1	1	1	2.7124
碳增汇政策机制子	DMU_4	2006	0.6221	0.6606	0.9417	0.6285
系统综合效率指数	DMU_5	2007	1	1	1	1.1267
	DMU_6	2008	1	1	1	1.0711
	DMU_7	2009	0.6213	1	0.6213	0.599
	DMU_8	2010	1	1	1	1.0478
	DMU_1	2003	0.01	1	0.01	0.0103
	DMU_2	2004	0.0108	1	0.0108	0.0101
	DMU_3	2005	1	1	1	13.2389
碳贮存政策机制子	DMU_4	2006	1	1	1	1.2438
系统综合效率指数	DMU_5	2007	1	1	1	1.5577
	DMU_6	2008	1	1	1	1.071
	DMU_7	2009	1	1	1	20.2334
	DMU_8	2010	1	1	1	2.5795
	DMU_1	2003	1	1	1	64.552
	DMU_2	2004	1	1	1	8.7368
	DMU_3	2005	1	1	1	1.2724
碳替代政策机制子	DMU_4	2006	1	1	1	1.4666
系统综合效率指数	DMU_5	2007	0.984	1	0.984	1.0154
	DMU_6	2008	1	1	1	1.1464
	DMU_7	2009	1	1	1	16.988
	DMU_8	2010	1	1	1	1.5821

其中:θ 值为 CCR – DEA 模型运算结果(最优目标值),反映黑龙江省国有重点林区林业应对气候变化政策机制复合系统及其碳增汇、碳贮存、碳替代政策机制子系统的综合效率(纯技术效率与规模效率)。$\theta = 1$,表示 DEA 有效,即综合效率最优;$\theta < 1$,表示 DEA 无效,即综合效率未达到最优,有投入可减少、产出可增加的潜力。CCR – DEA 模型运算得出的最优解——松

弛变量 s^-、s^+ 以及 λ 值见附表3。$s^->0$，表示存在投入冗余，即在产出不变的情况下可减少投入；$s^+>0$，表示存在产出不足，即在投入不变的情况下可加大产出或在产出不变的情况下可减少投入。若某决策单元的 λ 值之和即 $\sum\lambda=1$，表示该决策单元规模效益不变，即处于最佳规模收益状态；$\sum\lambda<1$，表示该决策单元规模效益递增（边际收益递增）；$\sum\lambda>1$，表示该决策单元规模效益递减（边际收益递减）。

从运算结果看，2003年至2010年黑龙江省国有重点林区林业应对气候变化政策机制复合系统的 θ 值均等于1，s^-、s^+ 均为0，$\sum\lambda$ 均大于1，表示其2003年至2010年输入输出的综合效率已达到最优，并处于规模收益递减状态。但其碳增汇子系统2003、2004、2006、2009年的 θ 值均小于1，表示未达到综合效率最优状态，存在投入减少、产出增加的潜力；从其相应的 s^-、s^+ 值及 $\sum\lambda$ 值具体来看，输入指标 X_1、X_2（造林投资，中、幼龄林抚育投资）存在产出不变的条件下减少投入的空间，输出指标 Y_1 至 Y_7（森林覆盖率、林地生产率、造林面积、年末实有育苗面积、幼林抚育实际面积、幼林抚育作业面积、成林抚育面积）在投入不变的前提下还有增加输出的空间，整个子系统处在规模收益递减状态。其碳贮存子系统2003、2004年的 θ 值均小于1，表示未达到综合效率最优状态，存在投入减少、产出增加的潜力；从其相应的 s^-、s^+ 值及 $\sum\lambda$ 值具体来看，输出指标 Y_8（自然保护区面积）在投入不变的前提下还有增加输出的空间，整个子系统处在规模收益递减状态。其碳替代子系统2007年的 θ 值小于1，表示未达到综合效率最优状态，存在投入减少、产出增加的潜力；从其相应的 s^-、s^+ 值及 $\sum\lambda$ 值具体来看，输入指标 X_1、X_4、X_7（营林固定资产投资、发展多种经营生产资金中企业投资额、发展多种经营生产资金中个人集资额）仍存在产出不变的条件下减少投入的空间（但空间有限，因为 θ 值已接近1），输出指标 Y_1、Y_2、Y_4、Y_5、Y_6（营林产值占比、多种经营产值占比、木材采运业与林产工业产值占比、原木产量、薪材产量）在投入不变的前提下还有增加输出的空间（但空间有限，因为 θ

值已接近 1），整个子系统处在规模收益递减状态。

θ^{BCC} 值为 BCC – DEA 模型运算结果（最优目标值），反映黑龙江省国有重点林区林业应对气候变化政策机制复合系统及其碳增汇、碳贮存、碳替代政策机制子系统的纯技术效率。$\theta^S = \theta/\theta^{BCC}$ 反映黑龙江省国有重点林区林业应对气候变化政策机制复合系统及其碳增汇、碳贮存、碳替代政策机制子系统的规模效率。将 θ^{BCC} 值和 θ^S 值联合起来分析，可以进一步了解综合效率欠缺的原因是来自纯技术无效率还是规模无效率。

对于未达到综合效率最优的碳增汇子系统，从其 θ^{BCC} 值和 θ^S 值联合分析来看，2003 年、2004 年、2009 年主要是由于规模效率低下导致综合效率未达到最优，2006 年主要是由于纯技术效率低下导致综合效率未达到最优；对于未达到综合效率最优的碳贮存子系统，从其 θ^{BCC} 值和 θ^S 值联合分析来看，2003 年、2004 年主要是由于规模效率低下导致综合效率未达到最优；对于未达到综合效率最优的碳替代子系统，从其 θ^{BCC} 值和 θ^S 值联合分析来看，2007 年主要是由于规模效率低下导致综合效率未达到最优。

θ^{SUP} 值为超效率 CCR – DEA 模型运算结果（最优目标值），是本书定义的黑龙江省国有重点林区林业应对气候变化政策机制复合系统及其碳增汇、碳贮存、碳替代政策机制子系统的综合效率指数。根据 θ^{SUP} 值的大小，可以实现对各决策单元综合效率的全排序，显示出综合效率的变动趋势，并为后续黑龙江省国有重点林区林业应对气候变化政策机制复合系统协调度和协调水平度的测度与评价以及黑龙江省国有重点林区林业应对气候变化政策机制复合系统动态协调发展影响因子的测度与评价奠定基础。

根据 2003 年至 2010 年黑龙江省国有重点林区林业应对气候变化政策机制复合系统及其碳增汇、碳贮存、碳替代政策机制子系统的综合效率指数值（θ^{SUP} 值）绘制图 5 – 4。从图 5 – 4 可见：整个复合系统综合效率指数相对较高的年份是 2003 年和 2009 年，相对较低的年份是 2004 年、2005 年、2008 年；碳增汇子系统综合效率指数相对较高的年份是 2005 年，相对较低的年份是 2003 年、2004 年、2006 年、2009 年；碳贮存子系统综合效率指数相对较高的年份是 2005 年和 2009 年，相对较低的年份是 2003 年和 2004

年;碳替代子系统综合效率指数相对较高的年份是 2003 年、2009 年,相对较低的年份是 2005 年、2006 年、2007 年、2008 年、2010 年。从整体上看,整个复合系统和碳替代子系统的综合效率呈现两端高、中间低的态势;碳增汇和碳贮存子系统的综合效率呈现两端低、中间高的态势。

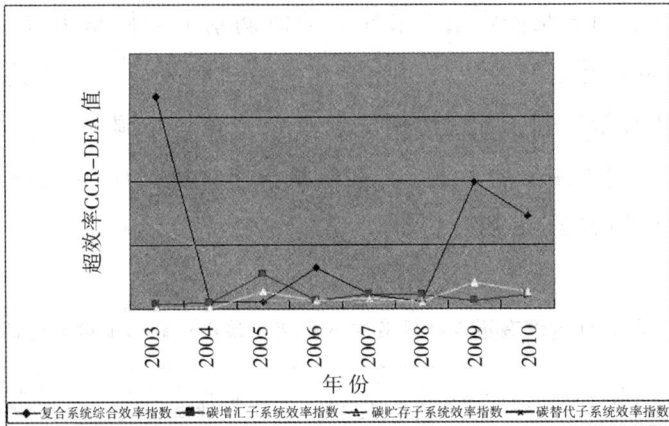

图 5-4　黑龙江省国有重点林区应对气候变化政策机制综合效率指数

三、政策机制协调度与协调水平度测度和评价

对黑龙江省国有重点林区林业应对气候变化政策机制复合系统及其碳增汇、碳贮存、碳替代政策机制子系统进行的综合评价,仅仅反映了复合系统整体及其三个子系统各自的综合效率状态及趋势,还不能深层次地反映碳增汇、碳贮存、碳替代三个政策机制子系统间的协调发展态势。

利用第四章第二节建立的林业应对气候变化政策机制复合系统及其碳增汇、碳贮存、碳替代政策机制子系统协调度模型,可以衡量黑龙江省国有重点林区在不同发展阶段,林业应对气候变化碳增汇、碳贮存、碳替代政策机制子系统三者之间及其分别与整个复合系统之间的协调关系,反映林业应对气候变化碳增汇、碳贮存、碳替代政策机制子系统三者之间及其与复合系统整体之间相互作用、相互联系、相互影响的特征,旨在发现黑龙江省国有重点林区林业应对气候变化碳增汇、碳贮存、碳替代政策机制子系统三者之间,是处于矛盾状态还是和谐一致状态,未来的趋势如何。

协调度反映了黑龙江省国有重点林区林业应对气候变化碳增汇、碳贮存、碳替代政策机制子系统之间及其分别与复合系统整体之间的协调状态的好坏程度,但只代表了三个子系统之间及其分别与复合系统之间的同步性,却没有反映出三个子系统之间及其分别与复合系统之间的整体协调发展水平。因此,引入第四章第二节建立的协调水平度模型来进一步分析黑龙江省国有重点林区林业应对气候变化政策机制复合系统及其碳增汇、碳贮存、碳替代政策机制子系统协调发展水平差异。协调水平度是衡量系统或系统要素之间协调发展水平高低的定量指标,也称为协调发展系数。

计算结果如表 5 - 6 所示:

表 5 - 6　黑龙江省国有重点林区应对气候变化政策机制协调度与协调水平度

年份	林业应对气候变化政策机制复合系统协调状态(碳增汇、碳贮存、碳替代子系统协调度与协调水平度)		碳增汇子系统协调状态(碳增汇子系统和复合系统整体协调度与协调水平度)		碳贮存子系统协调状态(碳贮存子系统和复合系统整体协调度与协调水平度)		碳替代子系统协调状态(碳替代子系统和复合系统整体协调度与协调水平度)	
	协调度 C	协调水平度 D	协调度 C	协调水平度 D	协调度 C	协调水平度 D	协调度 C	协调水平度 D
2003	6.0629×10^{-10}	0.0003	8.0715×10^{-5}	0.0055	6.1233×10^{-8}	2.5114×10^{-5}	0.6486	6.4706
2004	1.8152×10^{-6}	0.0014	0.7037	0.5553	0.0015	0.0039	0.1415	1.1120
2005	0.0583	0.2477	0.6487	1.3265	0.0744	0.9925	0.9821	1.1179
2006	0.6916	2.0983	0.1070	0.2593	0.2991	0.6099	0.3705	0.7372
2007	0.9026	1.4039	0.8066	0.9533	0.9448	1.2132	0.7511	0.8733
2008	0.9969	1.0265	0.9999	1.0349	0.9999	1.0348	0.9967	1.0690
2009	0.0106	1.0240	0.0006	0.0185	0.3164	2.5302	0.2490	2.0567
2010	0.6670	3.1134	0.0630	0.2568	0.2622	0.8224	0.1254	0.4454

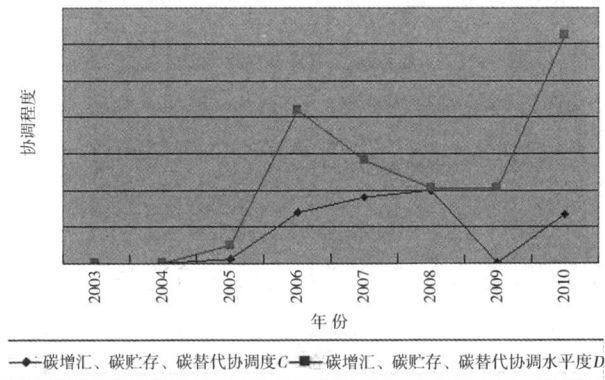

图 5-5　黑龙江省国有林区应对气候变化政策机制复合系统整体协调程度

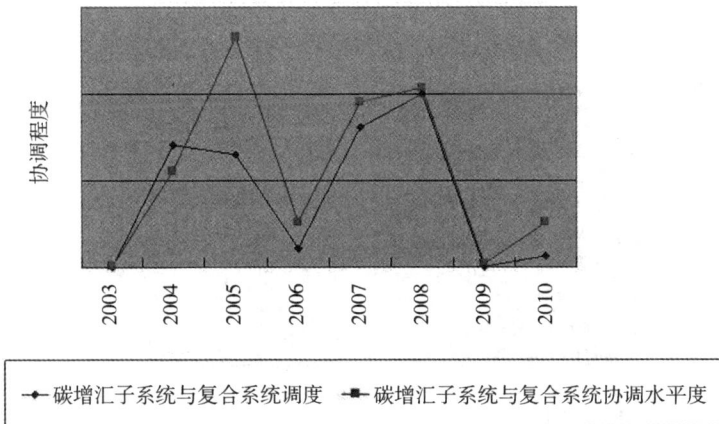

图 5-6　黑龙江省国有林区应对气候变化碳增汇政策

机制子系统与政策机制复合系统协调程度

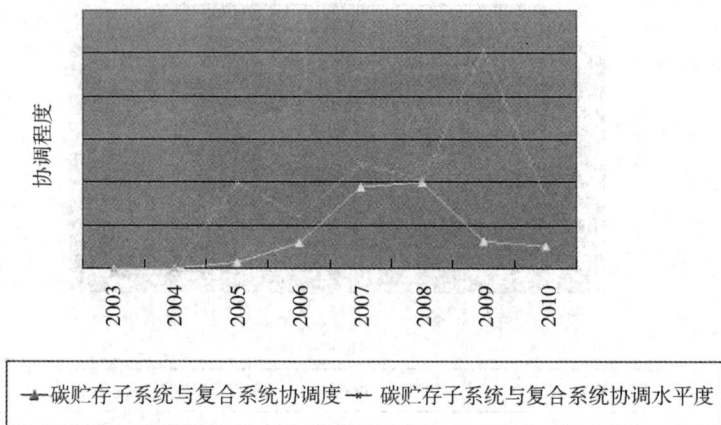

图 5-7 黑龙江省国有林区应对气候变化碳贮存政策

机制子系统与政策机制复合系统协调程度

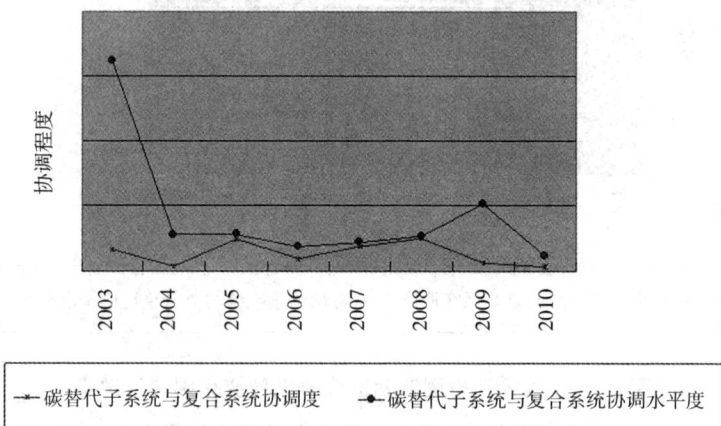

图 5-8 黑龙江省国有林区应对气候变化碳替代政策

机制子系统与政策机制复合系统协调程度

从图 5-5 可见,碳增汇、碳贮存、碳替代三个政策机制子系统之间的协调状态并不稳定,2006、2007、2008、2010 年协调度及协调水平度较高,2003、2004、2005 年协调状态较差,2009 年虽然协调水平度较高,但协调度较低,这种所谓高水平度的协调应该不是来自三个系统的协调,而是来自于整个复合系统的高投入产出。

从图 5 - 6 可见,碳增汇政策机制子系统与整个政策机制复合系统之间的协调状态极不稳定,2004、2005、2007、2008 年的协调状态较好,其余年份协调状态较差。

从图 5 - 7 可见,碳贮存政策机制子系统与整个政策机制复合系统之间的协调状态极不稳定,2007、2008 年的协调状态较好,其余年份协调状态较差。其中 2009 年协调水平度高、但协调度低,这种所谓高水平度的协调应该不是来自三个系统的协调,而是来自于整个复合系统的高投入产出。

从图 5 - 8 可见,碳替代政策机制子系统与整个政策机制复合系统之间的协调状态比较稳定,但处于低水平协调状态。

通过以上分析,黑龙江省国有重点林区在未来进行相关政策机制的调整完善与落实时,应该注重挖掘、发挥机制之间的耦合协同作用,使整个复合系统处于更好的效率水平。

四、政策机制动态协调发展影响因子测度与评价

协调度、协调水平度反映了黑龙江省国有重点林区应对气候变化碳增汇、碳贮存、碳替代政策机制子系统之间的协调程度好坏和协调发展水平高低,但是并不能反映各子系统对整个复合系统的作用程度和作用方向。由于林业应对气候变化政策机制系统是一个复合系统,各子系统按一定方式存在着相互作用,但并不是简单叠加。在复合系统内部,一方面是子系统间的协同,另一方面是子系统间的竞争。因此,分析各子系统对复合系统的作用程度,以及作用方向——推动作用还是制约作用是十分重要的。为了全面和深入地进一步分析黑龙江省国有重点林区林业应对气候变化政策机制复合系统及其碳增汇、碳贮存、碳替代政策机制子系统协调发展状态,采用本书第四章第二节中构建的灰色理论模型——GM(1,N)评价模型对黑龙

江省国有重点林区林业应对气候变化政策机制复合系统及其碳增汇、碳贮存、碳替代政策机制子系统三者进行动态协调发展评价,确定碳增汇、碳贮存、碳替代政策机制子系统对整个应对气候变化政策机制复合系统的作用方向与程度。

构建微分方程模型:$\dfrac{\mathrm{d}X_1^{(1)}}{\mathrm{d}t} + aX_1^{(1)} = b_1 X_2^{(1)} + b_2 X_3^{(1)} + b_3 X_4^{(1)}$ (5-1)

其中:X_1 为林业应对气候变化政策机制复合系统综合效率指数,为行为因子;X_2、X_3、X_4 为林业应对气候变化碳增汇、碳贮存、碳替代政策机制子系统综合效率指数,为行为因子的作用因子;t 为时期(年)。

利用计算机 DPS9.5 软件求解上述微分方程模型,结果如下:

$\hat{a} = 1.25702$ $\hat{b}_1 = -19.02968$ $\hat{b}_2 = 6.12573$ $\hat{b}_3 = 2.89649$

可持续发展理论指出,复合系统的发展受到利导因子和限制因子的影响,当利导因子起主导作用时,发展速度加速;随着利导因子的消耗和被利用,限制因子逐渐突出,复合系统发展的速度受到抑制;并且对于给定的复合系统,在某一给定的时刻,必然存在某一发展条件成为发展的限制因子;必须找到限制因子并通过调整限制和改变限制因子来实现由非协调发展模式向协调发展模式的转变,从而达到整个复合系统的可持续发展。

通过对 GM(1,N)灰色动态协调发展模型(5-1)的系数分析可知:系数 b_1 为负且绝对值较大,说明碳增汇子系统对黑龙江省国有重点林区应对气候变化政策机制复合系统产生了比较大的制约作用;系数 b_2、b_3 为正值,说明碳贮存和碳替代子系统对整个复合系统起到一定推动促进作用,但由于绝对值较小,推动促进作用并不显著。

本章小结

本章运用 DEA 模型,协调度、协调水平度模型,灰色 GM(1,N)动态协调发展模型测度评价了 2003 年至 2010 年黑龙江省国有重点林区林业应对气候变化政策机制复合系统,及其碳增汇、碳贮存、碳替代政策机制子系统的政策机制综合效率水平、协调状态以及复合系统的影响因子的作用程度与方向。结论如下：

（1）黑龙江省国有重点林区林业应对气候变化政策机制复合系统整体的综合效率在2003年至2010年均为最优，并且处于规模收益递减状态。但其碳增汇、碳贮存、碳替代子系统在各别年份未达到综合效率最优，存在着减少投入、增加产出的潜力；且导致未达到综合效率最优的原因主要是由于规模效率低下造成的。

（2）2003年至2010年，黑龙江省国有重点林区林业应对气候变化政策机制复合系统整体和碳替代子系统的综合效率呈现两端高、中间低的态势；碳增汇和碳贮存子系统的综合效率呈现两端低、中间高的态势。

（3）2003年至2010年间，黑龙江省国有重点林区林业应对气候变化碳增汇、碳贮存、碳替代三个政策机制子系统之间的协调状态以及碳增汇政策机制子系统与整个政策机制复合系统之间的协调状态、碳贮存政策机制子系统与整个政策机制复合系统之间的协调状态极不稳定，呈现出较大的摆动，碳替代政策机制子系统与整个政策机制复合系统之间的协调状态比较稳定，但处于低水平协调状态。

（4）2003年至2010年，碳增汇政策机制子系统对黑龙江省国有重点林区应对气候变化政策机制复合系统产生了较大的制约作用；碳贮存和碳替代子政策机制子系统对整个复合系统起到了一定的推动作用。

第六章　调整与完善林业应对气候变化政策机制的对策和建议

充分发挥林业的减排增汇功能、积极应对气候变化,关键在于准确把握林业应对气候变化碳增汇、碳贮存和碳替代三种运行机制间的耦合作用关系,并通过动力机制和约束机制不断对三种运行机制构成的复合系统输入负熵流,促使该复合系统协同进化,处于一种有序的耗散状态。最终建立碳增汇、碳贮存、碳替代三者间的正反馈机制,即以碳增汇和碳贮存促进碳替代,碳替代反过来又促进林业的碳增汇和碳贮存,三者之间实现良性动态循环,实现林业应对气候变化的系统动态平衡,发挥好林业的减排增汇功能。

通过第二章当前我国林业应对气候变化相关政策机制的梳理及其体系构建,以及第五章选取具有代表性的黑龙江省国有重点林区进行其林业应对气候变化政策机制综合评价实证分析的结果,根据林业应对气候变化政策机制体系的系统目标、功能、结构与特征,本章提出对我国林业应对气候变化政策机制体系进行进一步调整与完善的对策建议。

第一节　林业应对气候变化运行机制的调整与完善

实施固碳抵排战略,提升林业应对气候变化能力,关键在于加大林业生态建设与保护力度,加强森林经营,加快培育林业主导产业和新兴产业,促进林业碳增汇、碳贮存和碳替代,提高林业应对气候变化的能力。

一、促进林业碳增汇

通过开展造林绿化,扩大森林面积,加强森林经营,提高森林质量,增加森林碳汇,抵减工业排放,提升林业应对气候变化的能力。

目前,全国林地利用率和生产力提升空间很大。2010 年我国有林地面积 1.8 亿公顷,仅占林业用地面积的 59.71%,尚有较大发展潜力;我国乔木林单位面积蓄积量仅为 85.9 立方米/公顷,相当于世界平均水平 110 立方米/公顷的 78%,主要原因是缺乏经营管理。通过加强造林更新,调整树种和林龄结构、林分密度,可以提高森林质量、林地利用率和生产力。同时,近些年林下经济的快速发展,也已成为提高林地生产力的重要手段。

也需注意到,我国地域辽阔,各地自然和社会条件差异极大,可造林地资源分布极不均衡,林业主导功能和发展方向不尽相同,必须充分尊重各地的客观实际和资源特点,科学制订造林规划,才能确保造林绿化稳步发展。

造林绿化,加强森林经营,要坚持生态优先,生态、经济、社会效益相协调的原则,将改善生态作为造林绿化的首要目标,充分利用和发挥森林的多种功能和综合效益,促进生态改善、产业发展、经济增长、农民增收、社会和谐。要坚持分类指导、分区施策、突出重点的原则,结合各区域自然地理特点和资源优势,统筹规划,合理布局,突出区域特色,全面推进造林绿化。

要依托林业重点工程,进一步推进全社会办林业,全民搞绿化,加大造林绿化和森林经营力度。必须继续推进天然林资源保护、退耕还林、京津风沙源治理、"三北"及长江流域等防护林建设、石漠化治理等重点工程,积极营造公益林;紧紧围绕林产品加工、木本油料、森林旅游等林业十大主导产业的发展,大力培育商品林,加大珍贵树种、木本油料林等特色经济林、生物质能源林、竹藤等培育力度,为保障木材及其他林产品供给夯实基础;加强林木良种基地建设,培育良种壮苗,科学配置树种结构,大力营造混交林,不断提高成林质量;加快推进城乡绿化,扎实开展身边增绿。

要加快林木良种化进程,本着"立足优势、面向生产、主攻重点工程、保证种苗供应"的原则,全面推进林木良种选育推广,以及林木种苗生产供应、行政执法、社会化服务体系建设。开展全国主要造林树种种质资源普查,收集保存适应性、抗逆性强的种质资源。建立林木种子储备制度,保证以丰补歉,以优补劣,增强林木种苗生产供应抵御各种自然灾害的能力。加强高世代种子园和采穗圃建设,建立示范性优质种苗基地,增加保障性苗圃数量和繁育规模,确保优良林木种苗的生产,保障造林绿化的种苗需求。

实施禁伐和限伐措施,有效地增加了森林植被,同时也使大量天然次生林林分生长过密,自然更新速度周期长,中幼龄树生长受阻,幼树枯损严重,防护效能低下;大量人工林由于初植密度过高,林分郁闭后,空间竞争激烈,没有及时抚育,生长被抑制,甚至造成大片林木衰退甚至死亡。因此,对中幼林抚育,促进林木生长,增加森林蓄积量已刻不容缓。要抓好森林抚育经营,需要以生态系统经营理论和森林可持续经营理论为理论指导,明确"促进森林可持续经营,构建健康、稳定、高效的森林生态系统"这一森林抚育经营目标,以林地生产力提高、森林资源增加、森林综合功能和效益增强为根本,以政策机制的不断创新为动力,将重点放在中幼林抚育和低质低效林改造上,分类经营、定向培育、分别指导、持续利用,使森林结构得到优化,森林质量得以提高,建设和培育出稳定的森林生态系统。要进一步编制森林经营专项规划,明确建设重点和具体任务,深化落实森林抚育经营各项措施,科学实施森林抚育和低产林改造,切实优化森林结构,不断提高林地生产力。

二、促进林业碳贮存

通过加强林地保护、严格控制林木采伐、强化森林防火、有害生物防治和森林执法,减少毁林排放,防止森林退化,促进林业碳贮存,提升林业应对气候变化的能力。

要加强对公益林的森林管护。森林管护要实行分类管护,根据状况和生态区位重要性,对重点林区实行重点管护。森林管护应坚持生物多样性保护的原则,促进森林生态系统的恢复和提高。要加强林地保护与管理,统筹林地保护与利用。

要建立健全林业防灾减灾和应急体系。一是加强森林防火,全面落实《全国森林防火中长期发展规划》,强化森林火灾预防、扑救、保障三大体系建设。二是加强森林公安建设,全面推进森林公安队伍正规化、执法规范化、警务信息化、保障标准化、警民关系和谐化建设,落实中央政法经费保障政策,各级森林公安经费全部纳入同级财政预算,加强森林公安基础设施建设,按标准配备各类警用装备。三是加强林业有害生物防治,切实加强以检疫御灾、监测预警、应急防控和服务保障四大体系为主体的林业有害生物防控体系建设,组织开展林业植物检疫联合执法行动,大力推进以生物防治为主的无公害防治措施。四是强化林业应急体系建设,按照"预防为主、积极消灭,科学防控、依法处置"的原则,建立和完善重大林业灾害应急体系,包括处置重特大森林火灾应急预案,重大外来林业有害生物灾害应急预案,重大林业生态破坏事故应急预案,强化林业应对自然灾害的应急救灾和处置能力建设。

三、促进林业碳替代

通过加快发展林业产业体系,促进林业碳替代。

一是加快发展绿色富民产业,包括大力发展油茶、核桃等木本粮油和特色经济林产业,积极推动林下经济,加快发展森林旅游业,大力培育竹产业,加快培育花卉苗木产业,积极推进野生动植物繁育利用产业,大力发展沙产业,积极进行产业替代。

二是以保障木材安全为目标,加快木材战略储备生产基地建设,建立一批木材基地县和国家木材战略储备基地,加强基地基础设施建设,全面提高基地木材产出率,通过木材防腐、改性等措施延长木材寿命,立足国内解决我国木材需求。大力提升林产工业,包括加快木材加工产业结构调整,着力提高林产化工业水平。积极进行原材料替代。

三是发展林业战略性新兴产业,包括加快生物质能源林基地建设,积极培育林业生物产业、新能源产业和新材料产业,进行能源替代和原材料替代。

四、加快推进林业信息化建设

对林业应对气候变化政策机制进行综合评价研究,促进林业碳增汇、碳贮存、碳替代,需要有大量翔实的数据为依据。在本书撰写的过程中,深感数据的匮乏,许多更好的研究设想难以实现。加快推进林业信息化建设旨在为林业应对气候变化政策机制的科学评价提供更加有力的数据支持。

一是加快推进生态建设信息化,加强林业资源监管和综合营造林管理信息化建设,加强林业灾害监测体系和应急信息化建设,建设国家卫星林业遥感应用平台。二是构建具有我国林业特色又适应国际规则的全国林业碳汇计量与监测体系,形成我国林业碳汇基础信息综合平台。三是加快推进产业发展信息化,建立林业经济运行信息系统,建设林业电子商务平台。四是制定林业适应气候变化相关政策机制需要有坚实的信息基础作为决策依据,为此要充分利用森林资源清查系统、重点工程社会经济效益监测系统等监测平台,开展林业气候影响综合监测。通过森林资源清查系统的监测结果可以确定一项具体的政策措施是否有效,国家层面的监测还可以实现碳核算等许多目标。通过林业重点工程社会经济效益监测系统分布在不同林业重点工程区的企业、职工和农户监测点,可以观测到森林和林区人口适应气候变化的过程以及需要的政策支持等。

另外,为增强林业在应对气候变化国家战略中的作用,还要积极参与气候变化林业议题国际谈判,努力推进各项林业减缓和适应行动。

第二节　林业应对气候变化动力机制的调整与完善

一、完善林业公共投资政策,建立全国统一的林业财政机制

完善林业公共投资政策,建立全国统一的林业财政机制,使林业投入趋于规范和稳定,逐步建立起公益林以政府投入为主,吸引社会力量共同建设,商品林以市场调节为主、政府适当扶持的投入政策机制体系。

生态建设作为社会公益事业，提供的是满足全社会需要的公共产品和公共服务。保证生态建设的投入，是各级政府应当履行的责任。公共财政的支持是生态建设得以持续快速进行的基本保证和主要支柱，财政支持的力度决定着生态建设的速度和质量。发挥林业的减排增汇作用，必须建立一个可靠而稳定的资金投入机制。

要建立健全中央与地方对林业生态建设的投入保障制度，将林业投入纳入公共财政预算，建立长期稳定的投资渠道；要加大林业投入，建立实现中央对林业生态建设的资金投入与国家财政收入和GDP同步增长的机制，同时，地方政府对林业生态建设的投入也应保持稳步增长。

在公共财政支持林业建设上，应遵循"分类支持、分级支持、重点支持、尽力而为"的原则。分类支持，就是将森林按其主导功能不同，区分为公益林、多功能林和商品林，将国家支持的重点放在公益林建设上。分级支持，就是在中央财政和地方财政之间将林业事业单位支出与林业生态建设支出进行合理分工。按照事权、财权划分的原则，从受益范围入手，使上下级政府各自的支出责任或事权范围与其自有财政收入能力相称。重点支持，就是根据当前林业生态建设的关键，围绕林业六大工程和林业科教以及森林防火、森林病虫害防治等基础设施，实行集中扶持。尽力而为，就是按照建立公共财政的宗旨和可持续发展的要求，在国家财力允许的前提下，力求使财政对林业的支持适应林业建设的客观需求。

一是加大林业生态建设投入，加大林业基础设施建设投入。（1）加大对林业重点工程的建设投入。（2）夯实基础设施，提高保障能力。全面加强基层林业工作站、林木种苗站、森防检疫站、林业科技推广站（中心）等基层林业单位基础设施建设，提高造林绿化的服务能力。各级政府要将与造林绿化配套的水利设施、林区道路、供电、通信、防灾等设施建设统筹纳入建设规划，加大投入。特别是要加大对偏远山区、重点林区、沙区和少数民族地区造林绿化基础设施建设扶持力度，改善林区生产生活条件。加强林区森林防火、林业有害生物防治、森林公安和林业植物检疫技术装备与基础设施建设，生物防火林带、生物防治病虫害工程要与营造林工程建设同步进行。

二是建立健全中央财政造林、森林抚育、湿地保护补助、林木良种、林业机具购置等财政补贴制度。

我国现有宜林地4400多万公顷,60%分布在内蒙古和西北等干旱半干旱地区,造林难度大。科技兴林和人才强林战略推进缓慢,区域造林绿化发展水平相差悬殊,造林绿化基础建设薄弱。新造林地后期抚育管护亟须加强,森林质量亟待提高。与此同时,造林绿化体制机制障碍仍未破除,法律法规制度不健全,资金投入严重不足,企业和群众投入造林绿化的内在动力不够。因此,要建立和完善以公共财政投入为基础、社会力量广泛参与、多渠道投资的造林绿化投入机制,各级政府要逐步加大造林绿化投入力度,支持重点生态工程等造林绿化工作,完善林木良种补贴、造林补贴、森林抚育补贴制度,落实绿化机具补贴政策、积极支持先进适用绿化机具的推广应用,保障造林绿化工作经费。要通过建立健全造林、抚育、保护、管理投入补贴制度,全面加强森林经营工作,有效解决经营管理粗放、质量效益低下的问题。同时,采取动员和吸引社会力量投入林业建设的辅助政策(包括投工投劳和投入其他生产要素),造林者无论采用何种所有制形式、造什么林,都由政府给予一定补助。

三是研究制定深化集体林权制度改革、荒漠化治理、木本油料产业和林业生物质能源发展的财政支持政策。

四是加大对森林火灾和林业有害生物监测与防治的财政支持力度。根据目前的气候模拟,遭受火灾、暴风雨、病虫害袭击的频率和强度在全球范围内所有地区、气候带内都会增强。要防范这些灾害,在地区和国家层面上需要建立广泛的通信和监测网络,在地方层面上需要加强具体的管理措施(如控制性林火燃烧、卫生伐等)以及基础设施(通信网络、瞭望塔、道路网)培训和设备方面的投资,以降低森林抵御暴风雨、火灾、病虫害的脆弱性。

二、健全和完善中央与地方森林生态效益补偿制度

对森林生态效益进行资金补助,不仅使森林资源管护活动可以获得稳定的资金来源,实质上也是对森林生态效益价值的承认,可以使林业发展的

动力和机制问题从根本上得以解决。因此,要想从根本上改变我国生态公益林管护长期以来的被动局面,中央与地方森林生态效益补偿基金制度必须得到充分落实。为此,要进一步明确补偿基金的补偿对象、标准和范围,确定补偿基金的划拨方式、补偿程序和管理办法等一系列具体政策措施,为生态公益林的持续经营与管理提供政策依据。并且随着公共财政能力的增强和林业分类经营的不断深入,森林生态效益补偿标准应按照经营公益林的应得收益来确定,并逐步将全部公益林纳入补偿范围。

与此同时,要就建立森林生态效益商品化和市场化交易机制进行积极探索。森林生态效益由公共财政补偿,是建立森林生态效益补偿制度的一种重要形式,但随着计量森林生态效益手段的不断科学化以及市场经济的不断发育和完善,通过森林生态效益商品化和市场化交易机制在森林生态效益的提供者与受益者之间建立直接交易更具现实意义。关键在于合理确定交易对象、建立可行的价值实现机制以及科学计量效益价值。另外,还要积极探索我国森林生态效益补偿中碳交换机制的应用途径。

三、实行税费优惠政策,建立全国统一的林业税制

轻税薄费,调整不合理的林业税费,减轻林业经营者的负担,使植树者受其益,务林者得其利,形成林业发展的良性机制。对林业初加工产品执行13%的销项税率或执行17%的销项税率和进项税率,实行同步抵扣。对转产、调整结构、利用多种资源和以安置下岗人员为主要目的的生产活动,实行减免税政策。

制定全国统一的林业税制,将必要的收费进行费改税,取消各种不合理收费,制止各种名目的地方乱加的收费项目,严肃税收的权威性。

四、加大国际林业项目合作,采取优惠政策吸引外资

要本着多层次、宽领域、全方位对外交流合作的原则,大力发展双边合作关系,巩固加强多边交流。通过不断改善投资环境,制定优惠政策,提高外资利用水平;通过积极争取国际组织、民间团体、外国政府提供的无偿援

助和优惠贷款等扩大利用外资规模,全面推动合资合作。

还要积极实施"走出去"的战略,充分发挥国外森林资源的作用,加强国外森林资源开发,目的是缓解国内木材的供需矛盾。

五、完善林业信贷政策

要使商品林建设享有长周期、低利息、匹配资金的信贷政策。建立健全林权抵押贷款制度,创新担保机制,加大信贷投放力度。建立健全森林灾害保险制度。

林业经营主体面临严重的信贷约束,林农和林业中小企业难以成为银行的贷款对象,关键原因不在于森林资源资产无法满足过高的抵押条件,而是由于缺乏对银行的激励(项目收益无法保证,缺乏现金流支撑),以及社会环境所导致的抵押、担保条款可执行程度差。解决这一问题要借助政策等外部力量,不断完善林业经营主体的经营环境,并逐步提高抵押品的可执行程度,降低银行发放贷款的风险成本。一是利用抵押品扩展和替代机制(林权证抵押贷款、仓单抵押贷款、贸易信贷融资和林业经济合作组织融资)克服信息不对称给正规金融信贷带来的风险,促进金融机构信贷供给;二是通过构建覆盖林农和林业中小企业的林业金融服务体系完善金融服务功能,提高林业金融资源配置效率。

六、多途径调动林业生产者的积极性

本着因地制宜的原则,根据各地区的具体实情,实施分类经营,让生长在平坦立地条件好的地方的森林提供较多经济效益;让生长在高山陡坡、生态效益大的森林更多地发挥生态效益。农民可以从生态林补偿基金中得到利益,从商品林的放开放活中增加积极性。合理调整用材林、经济林、薪材林与生态公益林的比例,既要兼顾生态效益,又要保障基本的生活效益,使林业建设实现可持续发展。

在确保不降低森材生态功能、不影响林木生长的前提下,允许开发和合理利用公益林管护区内的资源,增加收益。对国有林管护区内的林副产品资源,原则上实行有偿利用。集体林和个体林管护区内的林副产品资源开发利用权,依法属于林权所有者。

开发生产替代项目,使林农在政府补贴结束之前拥有新的、稳定的收入来源,减轻林农收入对林草资源的依赖。政府应通过多种形式的财力支持与科技服务,积极扶持项目工程区农民开发当地有资源比较优势且对环境有益、市场需求前景看好的替代生产项目,使生态环境持续改善与农民收入稳定增加同步。

七、完善林业市场体系,积极探索构建林业虚拟市场

市场化途径是实现林业资源及其他生产要素合理配置的重要手段。[152]林产品市场和林业生产要素市场共同有机构成了林业市场体系整体,其中,林地市场是最主要的林业生产要素市场,因为林业主要的、特征性的生产要素就是林地;林木产品、多种经营产品、森林生态效益和服务市场则是林产品市场的主要组成部分。

对于林地市场建设,一是要确立明晰的林地产权关系。手段是通过划清山林"四至",明确林地权属;在确权基础上核发山林权属证书;同时要重视历史遗留的林地权属纠纷问题的解决。二是为了给林地公平转让创造条件,必须制定林地评估规范。林地勘测要力求准确,然后才是在勘测结果基础上进行评估,以评估价格作为协商转让价格的基础。林地资产评估机构不但要建立、还要健全,评估办法的制定必须科学合理。三是林地所有者、使用者之间的权、责、利关系必须予以明确,在此基础上严格执法监督,对于林地占而不用、将林地改为非林业用途等行为要坚决制止。四是要加强法制建设,关于林地流转的法律、法规、条例或办法需要补充制定并予以完善。

关于林产品市场建设,以县为单位推行木材产销分离、由林业部门独家收购木材、建立一级木材采运批发市场、放开二级木材流通市场是当前我国商品林区的林产品市场模式。通过对历次木材流通体制改革的经验教训进行总结,这种半开放的林产品市场模式是一种较为符合我国商品林区特点模式。[153]在这种市场模式下,由于执行木材限额采伐制度、凭证采伐制度

以及木竹材运输管理制度,因此一级市场(采运、收购环节)仍然处于垄断状态,市场机制只是在二级市场(主要是在销区市场)初步形成。虽然是一种半开放式的市场模式,但符合我国国情和林情。长期以来,在我国森林一直都是短缺产品,如果目前彻底开放市场、放开价格,在短期利益的刺激下,只能刺激乱砍滥伐,加速森林资源的破坏,形成越砍越穷、越穷越砍的恶性循环,有效供给增加反而难以持续。因此,我国的林产品市场建设,当前只能一个采运收购实行严格管制、以市场调节二级市场流通的林产品市场模式。

实物市场和虚拟市场都是现代市场经济中的重要手段。实物市场能直接满足森工企业的木材原料需求,为实物企业家提供经济运作的舞台;虚拟市场则为投资家提供资本的预期收益,为林木资源以及森林生态效益资源的市场供给状况提供价格信息。因此,要积极探索建立健全木材期货、期权、抵押贷款市场,以及不断完善和扩大碳交易与碳基金市场。

八、探索实行林业增汇与工业减排同等的激励政策

为增强林业在应对气候变化国家战略中的作用,积极参与气候变化林业议题的国际谈判,努力推进各项林业减缓和适应行动,探索实行林业增汇与工业减排同等的激励政策,缓解工业减排压力,拓展发展空间。

第三节　林业应对气候变化约束机制的调整与完善

调整与完善林业应对气候变化约束机制的核心工作在于加强林业法制建设。应紧紧围绕加快现代林业建设、充分发挥林业应对气候变化作用的需要,加快林业立法进程,提升林业政策制定能力,提升林业执法能力,加强林业普法。要完善林业立法工作机制,创新林业行政执法机制,建立权责明确、行为规范、监督有效、保障有力的林业行政执法体系。

美国有关林业的法律、法规几乎涵盖了林业上所有的方面,根据我国市场经济体制下林业发展的需要和林业应对气候变化的需要,充实林业立法的内容,扩大林业立法的覆盖面,进一步提高林业立法水平和质量,不仅使

林业立法对林业管理制度的变迁起到引导和规范作用,也使林业的各项日常管理工作做到有法可依,有法必依。在林业分类经营、林业生态效益补偿、植树造林、木材采伐、林地的权属确定、林地流转、林地变更、病虫害防治、森林资源保护等各方面都需要做出明确的、具有操作性的规定。

一、完善造林绿化法规体系,规范质量管理

坚持依法治绿、制度保障的原则,完善造林绿化法规体系,加大执法力度,强化执法监督,保障造林绿化健康发展。

完善造林绿化技术标准体系,按荒山荒地造林、城乡绿化等不同类型、不同区域、不同培育目标,分别制定造林绿化技术标准,形成完善的标准体系。

建立健全营造林质量监管体系,推进从造林绿化招投标、作业设计、采种育苗、整地栽植、抚育管护、有害生物防治到采伐更新全过程的质量管理和标准化生产。完善造林绿化工程招投标制度,建立以造林绿化专家为主体的评标体系。严格规范造林绿化设计管理,定期审查设计单位资质,工程造林必须由有资质的设计单位进行作业设计,按规定程序审批。严格执行城镇绿化、部门绿化、单位绿化与基本建设"四同步",即造林绿化工程与各项基本建设同步规划、同步设计、同步施工、同步验收。

二、推进法制建设,强化资源保护

加强现有法律法规和规章制度的执行力度,严格征占用林地、绿地审批管理。采取得力措施,依法惩处盗伐、滥伐林木,毁坏林木、绿地、草原,以及非法占用林地、绿地、草原的行为,巩固和发展造林绿化成果。

加强林地保护与管理,统筹林地保护与利用,加强林地林权保护基础建设,全面加强林地林权管理。对涉及征占用林地的国家重大建设项目,提前介入,加强监管。

推进森林资源管理,建立健全保障森林可持续经营的采伐管理机制。要准确把握限额指标,对森林资源的法定性消耗加强监督,使超强度采伐和

野蛮性采伐得到严格控制,隐蔽性消耗资源得以彻底被消灭。对盗伐林木等非法消耗森林资源的行为加大打击力度,对于执法过程中弹性较大、以罚代刑的现象要予以纠正。对于社会性、工程性、自然性森林资源消耗也要加强控制,要把此类消耗全部纳入限额管理。

加强森林资源监督和林政稽查,加强资源监测体系建设。加强资源监督和林政稽查队伍建设,强化和规范森林及野生动植物资源监督和林政稽查。建立营造林综合核查、限额、林地、三总量(采伐量、运输量、销售量)等常规检查和专项打击相结合的森林资源执法检查机制,建立完善执法检查结果新闻发布制度。各级监督机构要结合实际,不断完善和严格执行"林木采伐许可证核发制度"、"三级核查制度"、"核查报告制度"、"整改通知书制度"、"责任追究制度"、"事前审核、事中监督、事后检查制度"、"木材凭证运输和凭证加工制度"、"木材来源证明制度"、"与铁路部门联合验证制度"、与驻在单位"联席会议制度"等,使森林资源监督工作有章可循、有规可就。建立和完善森林及野生动植物资源林政案件的举报查处制度和责任追究制度,加大林政执法力度,切实履行对森林资源、湿地资源、野生动植物资源、古树名木及自然保护区管理的监督职责。突出重点查处和督办林政大案要案,打击破坏森林资源的违法犯罪活动。加大对乱垦滥占林地湿地、乱砍滥伐林木、乱捕滥猎野生动物、乱采滥挖野生植物等破坏森林资源案件的查处力度。

建立国家级公益林监管长效机制。建立国家级公益林动态监测体系,及时掌握国家级公益林资源的动态变化情况和生态环境的变化。建立国家级公益林地籍管理体系,建立健全国家级公益林档案,确保国家级公益林落实到山头地块。建立国家级公益林管理成效核查考评体系,对各地国家级公益林政策执行情况和效果进行检查与评价,切实加强各地国家级公益林管理。

组织制定出台有关林木产权交易的法规和政策,将林木产权交易纳入法制化轨道。一方面保护和尊重林木私有产权。另一方面借鉴国际惯例和国际林业产权市场的运作方式,通过最高立法机关正式立法出台符合我国国有林产权交易实际情况的有关法律法规,改变现阶段林木产权交易市场立法层次较低的局面,改变长期以来没有独立的国有林投资主体、投资者职能只能由主管部门或地方政府代行的局面,使国有林产权交易行为受到合理制约和规范、国有林产权市场运作得到良好的维护和保障,维持好竞争秩序,以市场为基础配置资源,使国有林产权交易蓬勃健康发展,社会资源合理、有效地流动。

三、加强执法队伍建设

要建立一支精干高效、公正、公平、及时、严格执法的林业法制工作队伍,加强林业执法人员的培训。为了纠正不正确的行政措施和不当的具体行政行为,还要积极探索建立林业部门内部的层级监督制度。比如:规范性文件和重大行政处罚决定备案制度,林业执法检查和执法情况报告制度,违法行政案件督办制度和林业行政复议制度,等。

第四节 林业应对气候变化政策机制系统
运行的不断调整与完善

林业应对气候变化政策机制系统的运行是一个不断终结旧的、不合时宜的政策机制,不断产生新的政策机制的过程。在此过程中,林业应对气候变化政策机制之所以不断地被制定出来,付诸实施,又不断地走向终结或被更新,主要是因为政策主体、客体与环境之间的相互作用、相互影响。这种政策机制的不断破旧立新反过来又会对各种应对气候变化的林业活动产生巨大影响。如果新的应对气候变化的政策机制制定得科学合理,则这种影响是积极的,对于林业应对气候变化目标的实现有巨大的促进作用;但如果新的应对气候变化的政策机制不够科学合理,则其影响是负面的,会阻碍林业应对气候变化目标的实现。

林业肩负的应对气候变化的重任对林业应对气候变化政策机制的协调和有效运行提出了越来越高的要求。在相关政策机制不断出台和调整完善的过程中,注重充分发挥政策机制制定信息系统、咨询系统、决策系统、执行系统和监控系统的作用,可以做到决策科学化,确保政策机制的科学性、连续性、协调性和可操作性,使林业应对气候变化政策机制系统得以不断调整和完善,为林业减排增汇、应对气候变化提供保障和支持。

本章小结

本章在前几章研究的基础之上,提出了对我国林业应对气候变化政策机制体系进行调整与完善的对策建议。

(1)从调整完善林业应对气候变化的运行机制入手,提出了进一步促进林业碳增汇、碳贮存、碳替代的对策建议。

(2)从调整完善林业应对气候变化的动力机制入手,从公共投资政策、税收政策、信贷政策、中央和地方森林生态效益补偿、市场体系建设等八个方面提出了政策建议。

(3)从调整完善林业应对气候变化的约束机制入手,提出了对林业应对气候变化法律法体系进行细化完善的建议。

(4)指出要对林业政策机制系统的协调发展和有效运行进行动态的、系统的调整与完善。

结　　语

一、研究结论

气候变化问题是当今国际社会日益关注的热点和焦点,也是事关我国经济社会可持续发展的重大问题。林业在应对全球气候变化领域占有重要地位。在今天林业应对气候变化政策机制大量出台和实施的背景下,非常有必要基于科学的理论,利用可行的技术和手段,对林业应对气候变化各项政策机制进行系统、科学的综合评价,为调整与完善相关政策机制、更好地发挥林业在应对气候变化领域的作用提供决策依据。本书以此为初衷和落脚点展开研究,结论如下:

(1)林业的多产业性、多目标共存性、资源约束性、生产资源的地域组合性特征决定了充分发挥林业在应对气候变化领域的作用必须建立在系统科学思维基础之上;在设计相关林业应对气候变化的政策机制时,必须以系统科学理论为依据;在对林业应对气候变化的政策机制进行定量综合评价研究时,必须采用系统分析的方法进行。

(2)林业在应对气候变化领域占有重要地位。应对气候变化背景下的各种林业活动构成了一个复合系统,该复合系统同时又是一个典型的耗散系统,存在着熵值增加的自发趋势。在其变化的混沌进程中,选择合理的系统结构和有效的管理模式(如政策机制),对系统进行内外部关系协调管理,增强负熵持续的流入,抵消系统管理正熵的产生,可以使系统始终处于有序的耗散结构状态,实现该系统诸要素的耦合和协同、不断进化,充分发挥出林业在气候变化领域的作用。

（3）林业应对气候变化政策机制体系由运行机制、动力机制和约束机制构成。林业碳增汇、碳贮存和碳替代是当前林业应对气候变化的主要运行机制。并且这三大运行机制并非相互独立，而是具有密切的联系和鲜明的因果关系，它们相互影响、相互促进、相互制约，耦合成一个动态、开放的正反馈复合系统，实现减排增汇、应对气候变化的功能。充分发挥该复合系统的减排增汇功能，使其对气候变化产生充分有效反应的关键在于准确把握三种运行机制的作用关系，并在此基础上通过各种动力机制和约束机制不断对三种运行机制构成的复合系统输入负熵流，促使其走向耦合、协同共生，表现出协同进化的发展趋势，使系统始终处于一种有序的耗散结构状态，最优地实现其应对气候变化的系统功能。

应对气候变化的相关林业政策机制已取得一些突破，政策机制体系基本形成。这些政策机制已基本全面覆盖了从种苗、造林（包括荒山荒地造林、退耕地造林、迹地更新、低产低效林改造）、封山育林（包括无林地封育和疏林地封育）到森林抚育、森林管护、森林采伐管理，以及林业产业发展的全部林业过程。其中，运行机制由碳增汇、碳贮存和碳替代构成，反映的是林业应对气候变化政策机制体系的基本职能的活动方式。动力机制以经济手段为主进行引导和调节，旨在引导和激励各林业主体的行为，促进林业碳增汇、碳贮存和碳替代，其中又以促进碳增汇和碳替代作为动力机制的主要着力点。约束机制主要以法律法规等强制性约束为主，旨在规范和约束各林业主体的行为，促进林业碳增汇、碳贮存和碳替代，其中又以促进碳贮存作为约束机制的主要着力点。

（4）构建了由三大模块（碳增汇模块、碳贮存模块、碳替代模块）、四个层次（目标层、模块层、准则层、指标层）组成的中国林业应对气候变化政策机制综合评价指标体系，用以对由碳增汇政策机制子系统、碳贮存政策机制子系统、碳替代政策机制子系统耦合协同而成的林业应对气候变化政策机制复合系统进行系统综合评价。其中：林业应对气候变化政策机制综合效率指数为目标层；碳增汇、碳贮存、碳替代三大子系统各自的综合效率水平为模块层；准则层共 12 个准则；指标层由 40 个具体指标构成，并且将它们进一步分为输入类指标和输出类指标,其中,输入类指标是管理变量,共 19 个指标,对应管理当局的各项动力机制和约束机制,反映了管理当局对系统的输入,输出类指标共 21 个,对应林业应对气候变化的运行机制,反映了林业应对气候变化政策机制复合系统的运行效果,以及管理当局输入的各项动力约束政策机制的实施成效。

(5)构建出基于 CCR - DEA、BCC - DEA 及超效率 CCR - DEA 方法的林业应对气候变化政策机制综合效率指数模型、基于变异系数法的林业应对气候变化政策机制协调度与协调水平度模型和基于灰色 GM(1,N)方法的林业应对气候变化政策机制动态协调发展模型,用以对中国林业应对气候变化政策机制进行定量综合评价研究。其中,综合效率指数模型用于测度评价林业应对气候变化政策机制复合系统及其碳增汇、碳贮存、碳替代政策机制子系统的综合效率、技术效率、规模效率,以及综合效率指数。协调度与协调水平度模型用于测度评价碳增汇、碳贮存、碳替代政策机制子系统之间,以及碳增汇、碳贮存、碳替代政策机制子系统与林业应对气候变化政策机制复合系统之间的协调状态和协调水平。灰色 GM（1,N）动态协调发展模型,用于测度评价碳增汇、碳贮存、碳替代政策机制子系统对林业应对气候变化政策机制复合系统的作用方向和程度。

(6)运用构建的综合评价指标及综合评价模型对 2003 年至 2010 年黑龙江省国有重点林区林业应对气候变化政策机制复合系统,及其碳增汇、碳贮存、碳替代政策机制子系统的政策机制综合效率水平、协调状态以及复合系统的影响因子的作用程度与方向进行了测度评价。结果发现:

黑龙江省国有重点林区林业应对气候变化政策机制复合系统整体的综合效率在 2003 年至 2010 年均为最优,并且处于规模收益递减状态。但其碳增汇、碳贮存、碳替代政策机制子系统在个别年份未达到综合效率最优,存在着减少投入、增加产出的潜力;且导致未达到综合效率最优的原因主要是规模效率低下。

2003 年至 2010 年,黑龙江省国有重点林区林业应对气候变化政策机制复合系统整体和碳替代政策机制子系统的综合效率呈现两端高、中间低的态势;碳增汇和碳贮存政策机制子系统的综合效率呈现两端低、中间高的态势。

2003年至2010年间,黑龙江省国有重点林区林业应对气候变化碳增汇、碳贮存、碳替代三个政策机制子系统之间的协调状态以及碳增汇政策机制子系统与整个政策机制复合系统之间的协调状态、碳贮存政策机制子系统与整个政策机制复合系统之间的协调状态极不稳定,呈现出较大的摆动;碳替代政策机制子系统与整个政策机制复合系统之间的协调状态比较稳定,但处于低水平协调状态。

2003年至2010年,碳增汇政策机制子系统对黑龙江省国有重点林区应对气候变化政策机制复合系统产生了较大的制约作用;碳贮存和碳替代政策机制子系统对整个复合系统起到了一定的推动作用。

(7)对我国林业应对气候变化政策机制进行调整与完善应以运行机制、动力机制、约束机制的调整与完善为出发点和落脚点,进一步挖掘林业在碳增汇、碳贮存、碳替代方面的潜力,在此基础上不断系统地完善与优化动力约束政策机制,更好地实现林业减排增汇、应对气候变化的目标。

二、主要创新点

(1)以系统科学理论为指导,在着重分析林业应对气候变化的作用机理的基础上,提出应对气候变化背景下的各种林业活动构成了一个复合系统,该复合系统同时又是一个典型的耗散系统,存在着熵值增加的自发趋势。在其变化的混沌进程中,选择合理的系统功能结构和有效的管理模式(如政策机制),对系统进行内外部关系协调管理,增强负熵持续的流入,抵消系统管理正熵的产生,可以使系统始终处于有序的耗散结构状态,实现该系统诸要素的耦合和协同、不断进化,充分发挥出林业在气候变化领域的作用。

(2)提出林业应对气候变化的政策机制体系由运行机制、动力机制和约束机制构成。其中,运行机制由碳增汇、碳贮存、碳替代构成,反映了林业应对气候变化政策机制复合巨系统的功能结构;动力机制以经济手段为主进行引导和调节,旨在引导和激励各林业主体的行为,促进林业碳增汇、碳贮存和碳替代;约束机制主要以法律法规等强制性约束为主,旨在规范和约束各林业主体的行为,促进林业碳增汇、碳贮存和碳替代。在明确林业应对气候变化的运行机制的基础上,动力机制和约束机制相结合,不断对各种运行机制耦合成的复合系统输入负熵流,促使该复合系统走向耦合、协同共生,表现出协同进化的发展趋势,可以使该复合系统始终于一种有序的耗散结构状态,最优地实现其减排增汇、应对气候变化的系统功能。

(3)构建出由4个层次(目标层、模块层、准则层、指标层)、3大模块(碳增汇模块、碳贮存模块、碳替代模块)、12个准则、19个输入指标和21个输出指标组成的林业应对气候变化政策机制综合评价指标体系。

(4)构建出基于 CCR – DEA、BCC – DEA 以及超效率 CCR – DEA 方法的林业应对气候变化政策机制综合效率指数模型、基于变异系数法的林业应对气候变化政策机制协调度与协调水平度模型、基于灰色 $GM(1,N)$ 方法的林业应对气候变化政策机制动态协调发展模型,用以对中国林业应对气候变化政策机制进行全面、系统、动态地综合评价研究。

(5)提出了调整与完善林业应对气候变化政策机制的对策建议。

三、研究展望

由于林业应对气候变化政策机制综合评价研究涉及的内容十分广泛、问题复杂、数据搜集困难等原因,本书仍存在不足之处,在本书研究的基础上,需要进一步研究和完善以下内容:

(1)碳增汇、碳贮存、碳替代子系统对整个林业应对气候变化复合系统功能目标实现的贡献度的测度与评价。

(2)碳增汇、碳贮存、碳替代子系统的构成要素对子系统目标实现的作用方向与作用程度的测度与评价。

(3)应对气候变化的碳汇林业政策机制对我国区域社会经济影响的评价研究。

参考文献

[1]李怒云,杨炎朝,何宇.气候变化与碳汇林业概述[J].开发研究,2009
(3):95-97.

[2]王春峰.当前气候变化和林业议题谈判的国际进程[J].林业经济,2009
(12):20-24.

[3]李怒云,黄东,张晓静,等.林业减缓气候变化的国际进程、政策机制及
对策研究[J].林业经济,2010(3):22-25.

[4]《气候变化国家评估报告》编写委员会.气候变化国家评估报告[M].北
京:科学出版社,2007.

[5]徐承昊.全球气候变化的原因及其改善方法[J].科技信息,2010
(26):46.

[6]魏殿生.造林绿化与气候变化:碳汇问题研究[M].北京:中国林业出版
社,2003.

[7]康志雄.低碳经济:林业发展的机遇与使命[J].浙江林业,2010
(1):26-27.

[8]王春峰.当前气候变化和林业议题谈判的国际进程[J].林业经济,2009
(12):20-24.

[9] Metz B,Davidson O, De Coninck H C, eds. IPCC special report on Carbon
Dioxide Capture and Storage [M]. Cambridge:Cambridge University Press,
2005.

[10]陈科灶.全球气候变化背景下林业经济发展方式转变的几点思考
[C]//2010中国科协年会第五分会场全球气候变化与碳汇林业学术研

讨会优秀论文集.福州:中国科学技术协会,2010:118 – 121.

[11]李顺龙.森林碳汇经济问题研究[D].哈尔滨:东北林业大学,2005.

[12]孔凡斌.林业应对全球气候变化问题研究进展及我国政策机制研究方向[J].农业经济问题,2010(7):105 – 109.

[13]官秀玲.英国林业政策评估与分析研究及借鉴[D].北京:中国林业科学研究院,2011.

[14]陈叙图,李怒云,高岚,等.美国林业碳汇市场现状及发展趋势[J].林业经济,2009(7):76 – 80.

[15]潘家华,王汉青,梁本凡,等.中国城市智慧低碳发展报告[M].北京:中国社会科学出版社,2013.

[16]郑小贤,刘东兰.战后日本林业政策分析[J].林业经济,2007(5):73 – 76.

[17]贾治邦.生态建设与改革发展:2009 年林业重大问题调查研究报告[M].北京:中国林业出版社,2010.

[18]苏宗海.国外林业财政政策分析[J].绿色中国,2004(6):45 – 48.

[19]景彦勤.美国林业投入政策与管理之思考[J].绿色财会,2006(3):22 – 25.

[20]赵鸣骥.法国的林业财政政策[J].林业财务与会计,1997(12):35.

[21] Zanakis S H, Solomon A, Wishart N, eds. Multi-attribute decision making: A simulation comparison of select methods[J]. European Journal of Operational Research, 1998,107(3):507 – 529.

[22]Saksvik P, Torvatn H, Nytrφ K. Systematic occupational health and safety work in Norway:a decade of implementation[J]. Safety Science,2003,41(9):721 – 738.

[23] Ammar S,Wright R. Applying fuzzy-set theory to performance evaluation[J]. Socio-Economic Planning Sciences,2000(34):285 – 302.

[24]Rogers J P. Evaluating approaches to program evaluation : a framework and its application to a meta-evaluation of Patton's utilization-focused approach

[D]. Melbourne：University of Melbourne，1996.

[25]Krott M. Forest Policy Analysis [M]. Springer：Central Book Services，2010.

[26]Weiss G. Multiagent Systems ：A Modern Approach to Distributed Artificial Intelligence Cambridge[M]. Mass：MIT Press，1999.

[27]Fiona N. Valuing Natural Resources：A Guide for Natural Resources Managers[D]. Birmingham：University of Birmingham，2000.

[28]李怒云,高均凯.全球气候变化谈判中我国林业的立场及对策建议[J].林业经济,2003(5):12－13.

[29]李怒云.中国林业碳汇[M].北京:中国林业出版社,2007.

[30]李怒云,宋维明.气候变化与中国林业碳汇政策研究综述[J].林业经济,2006(5):60－80.

[31]曹开东.中国林业碳汇市场融资机制的思考[J].中国商界,2008(2):153－154.

[32]李怒云,王春峰,陈叙图.简论国际碳和中国林业碳汇交易市场[J].中国发展,2008,8(3):9－12.

[33]缪光平.中国天然林资源保护政策评价与分析研究[D].北京:北京林业大学,2005.

[34]朱水成.中国地方公共政策评估现状与对策[J].理论探讨,2001(2):54－56.

[35]李静芳.当前我国地方公共政策评估现状与对策[J].江西行政学院学报,2001,3(4):18－20.

[36]朱仁显.公共事业管理概论[M].北京:中国人民大学出版社,2003.

[37]魏淑艳,刘振军.我国公共政策评估方式分析[J].东北大学学报(社会科学版),2003,5(6):426－428.

[38]詹国彬.我国公共政策评估的现状、困难及对策[J].江西行政学院学报,2002,4(2):8－11.

[39]刘森,谭志华.建立我国现代政府采购制度刍议[J].江西社会科学,

2001(6):117 - 119.

[40]肖士恩,雷家骕,刘文艳.科技创新政策评估的理论与方法初探[J].中国科技论坛,2003(5):24 - 27.

[41]林水波,张世贤.公共政策[M].台北:五南图书出版股份有限公司,1982.

[42]何颖.论政策评估标准的设定[J].中国行政管理,1996(5):25 - 26.

[43]张金马.政策科学导论[M].北京:中国人民大学出版社,1992.

[44]胡平仁.政策评估的标准[J].湘潭大学社会科学学报,2002,26(3):87 - 90.

[45]王瑞祥.政策评估的理论、模型与方法[J].预测,2003,22(3):6 - 11.

[46]刘进才.公共政策评估的模糊数学方法[J].中共中央党校学报,2001,5(1):103 - 106.

[47]谢媛.政策评估模式及其应用[D].厦门:厦门大学,2001.

[48]蒋敏元,李龙成.森林资源经济学[M].哈尔滨:东北林业大学出版社,1991.

[49]朴昌根.评当前哲学界的"系统热"[J].复旦学报(社会科学版),1984(4):22 - 28.

[50]贺彩霞,冉茂盛,廖成林.基于系统动力学的区域社会经济系统模型[J].管理世界,2009(3):170 - 171.

[51]刘曾荣,李挺.复杂系统理论剖析[J].自然杂志,2004,26(3):149 - 151.

[52]刘洪.经济系统预测的混沌理论研究评述[J].自然杂志,2000,22(6):311 - 315.

[53]沈小峰,曾国屏.超循环论的哲学问题[J].中国社会科学,1984(4):185 - 194.

[54]郭墨瀚.鄱阳湖地区土地生态环境评价研究[D].南昌:江西农业大学硕士论文,2011.

[55]谢南斌,田金信.基于复杂性科学的高等教育系统管理研究[J].管理

世界,2010(11):172 – 173.

[56]伊·普里戈金,伊·斯唐热.从混沌到有序[M].曾庆宏,沈小峰,译.
上海:上海译文出版社,2005.

[57]白思俊,等.系统工程[M].北京:电子工业出版社,2006.

[58]鲁春阳.城市用地结构演变与产业结构演变的关联研究[D].重庆:西
南大学,2011.

[59]张颖,吴丽莉,苏帆,等.森林碳汇研究与碳汇经济[J].中国人口·资
源与环境,2010,20(3):288 – 291.

[60]朱建华,侯振宏,张小全.气候变化对中国林业的影响与应对策略[J].
林业经济,2009(11):78 – 83.

[61]李顺龙.森林碳汇经济问题研究[D].哈尔滨:东北林业大学,2005.

[62]陈泮勤,王效科,王礼茂,等.中国陆地生态系统碳收支与增汇对策
[M].北京:科学出版社,2008.

[63]Hunt Colin A G. Carbon Sinks and Climate Change:Forests in the Fight
Against Global Warming[M]. United Kingdom Edward Elgar Pub lishing
Limited,2011.

[64]方精云,刘国华,徐嵩龄.中国陆地生态系统的碳库[M]//王庚辰,温
玉璞.温室气体浓度和排放监测及相关过程.北京:中国环境科学出版
社,1996.

[65]贾治邦.发展林业:应对气候变化的战略选择[J].求是,2010(7):
54 – 56.

[66]国家林业局.应对气候变化林业行动计划[EB/OL].[2009 – 11 – 09]
http:www. gov. cn/gzdt/2009 – 11/09/content_1459811. htm.

[67]张秀斌,陈应发.从耗散结构理论看林业的改革发展[J].林业经济
2010(5):91 – 97.

[68]王兆君.林业生态体系和林业产业体系协同运行的思考[J].林业经
济,2001(1):40 – 45.

[69]郝英奇.管理系统动力机制研究[D].天津:天津大学,2006.

［70］郝英奇,刘金兰.动力机制研究的理论基础与发展趋势［J］.暨南学报 (哲学社会科学版),2006(6):50－56.

［71］国家林业局.第七次全国森林资源清查主要结果(2004—2008 年) ［EB/OL］.［2010－01－28］中国林业网 http:www. forestry. gov. cn.

［72］全国绿化委员会,国家林业局.全国造林绿化规划纲要(2011—2020 年)［EB］. http://wenku. baidu. com.

［73］国家林业局.2011 年中国林业基本情况［EB/OL］.［2011－09－05］ heep://www. forestry. gov. cn/zhuanti Action. do？ dispatch ＝ content ＆ id ＝499030 ＆ name ＝ apec.

［74］国家林业局.2011 中国林业发展报告［M］.北京:中国林业出版社, 2011.

［75］国家林业局.林业发展"十二五"规划［EB］. http://wen ku . baidu. com.

［76］周生贤.大力植树造林 共建和谐社会［EB/OL］.［2005－03－12］ http:www. ahnw. gov. cn.

［77］柯水发,潘晨光,温亚利,等.应对气候变化的中国林业行动及其对就 业的影响分析［C］//2009 中国可持续发展论坛暨中国可持续发展研究 会学术年会论文集(下册),2009.

［78］白成亮.改造低产低效林 提高林地生产力［J］.云南林业,2009,30 (3):4－5.

［79］Naiman R J,Decamps H,Pollock M. The role of riparian corridors in main-taining regional biodiversity ［J］. Ecological Applications, 1993, 3 (2):209－212.

［80］Kumai M,Singshi S,Singh B. Screening indigenous tree species for suitable tree-crop combinations in the agroforestry system of Mizoram, India［J］. Estonian Journal of Ecology,2008,57(4):269－278.

［81］胡荟群.农林复合经营的发展概况及类型研究［J］.安徽农学通报, 2011,17(18):10.

［82］姜志林.农林复合经营技术［J］.林业科技开发,1998(3):54－56.

[83] 梁玉斯,蒋菊生,曹建华.农林复合生态系统研究综述[J].安徽农业科学,2007,35(2):567-569.

[84] Schoeneberger M M. Agroforestry: working trees for sequestering carbon on agricultural lands[J]. Agroforestry Systems,2008,75(1):1-11.

[85] 刘俊杰,陈瑶.农林复合经营的研究进展[J].内蒙古林业调查设计,2005,28(2):30-35.

[86] 单宏年.农林复合经营的生态效益研究[J].现代农业科技,2008(6):203-204.

[87] Fang J Y,Chen A P,Peng C H. Changes in Forest Biomass Carbon Storage in China Between 1949 and 1998[J]. Science,2001,292(5525):2320—2322.

[88] 柯水发,潘晨光,温亚利,等.应对气候变化的林业行动及其对就业的影响[J].中国人口·资源与环境,2010,20(6):6-12.

[89] 荆立新.东北国有林区林业生态经济发展模式研究[D].哈尔滨:东北林业大学,2009.

[90] 国家林业局.关于印发《林业重点生态工程建设资金管理暂行规定》的通知[EB].(林计发〔2002〕261号),2002.

[91] 国务院.退耕还林条例[EB].2003.

[92] 国家林业局.2011中国林业发展报告[EB].2011.

[93] 财政部 国家林业局.中央财政森林生态效益补偿基金管理办法[EB].(财农〔2007〕7号),2007.

[94] 财政部农业司.中央财政加大投入力度 全面支持林业生态建设[J].中国财政,2010(13):15-18.

[95] 财政部,国家林业局.关于开展2010年林木良种补贴试点工作的意见[EB].(财农〔2010〕102号),2010.

[96] 财政部,国家林业局.关于开展2011年造林补贴试点工作的意见[EB].(财农〔2011〕97号),2011.

[97] 财政部,国家林业局.关于印发《森林抚育补贴试点资金管理暂行办

法》的通知[EB].(财农[2010]546号),2010.

[98]姚良宏.实现林业可持续发展的途径与措施[J].绿色科技,2011(8):
38–39.

[99]中共中央 国务院关于全面推进集体林权制度改革的意见[EB].(中
发[2008]10号),2008.

[100]刘家顺.中国林业产业政策研究[D].哈尔滨:东北林业大学,2006.

[101]财政部,国家林业局.关于印发《育林基金征收使用管理办法》的通知
[EB].(财综[2009]32号),2009.

[102]财政部,国家林业局.关于印发《林业贷款中央财政贴息资金管理办
法》的通知[EB].(财农[2009]291号),2009.

[103]陈根长.林业的历史性转变与碳交换机制的建立[J].林业经济问题,
2005,25(1):1–6.

[104]李怒云,宋维明,章升东.中国林业碳汇管理现状与展望[J].绿色中
国,2005(6):23–26.

[105]何英,张小全,刘云仙.中国森林碳汇交易市场现状与潜力[J].林业
科学,2007,43(7):106–111.

[106]林德荣.森林碳汇服务市场交易成本问题研究[J].北京林业大学学
报(社会科学版),2005,4(4):46–49.

[107]张玓,林珊,赵颖婕.我国低碳经济发展模式研究——基于碳基金视角
[J].经济问题,2011(5):65–68.

[108]贺景平.国有林区森林资源监督体系研究[D].哈尔滨:东北林业大
学,2007.

[109]刘周全.广东惠城区林地保护利用规划探讨[J].防护林科技,2012
(4):120–123.

[110]高瑞馨,王凤友.林业可持续发展指标体系和综合评价研究概述[J].
防护林科技,2005(4):38–40.

[111]姜春前,徐庆,朱永军,等.世界森林可持续经营标准与指标发展的现
状与趋势[J].世界林业研究,2004(3):1–5.

[112]中国林科院林业可持续发展研究中心 LY/T 1594 - 2002 中国森林可持续经营标准与指标[S].北京:中国标准出版社,2004.

[113]曹志平,钟晓东.UNCSD 可持续林业管理指标评介[J].农村生态环境,1998,14(3):40 - 43.

[114]孟宪宇,王洪波,郭铃.东北林区国有企业局可持续发展能力评价指标体系探讨[J].林业资源管理,1998(4):34 - 38.

[115]马阿滨,王伟英,孙宝刚.黑龙江森工林区可持续发展指标体系与评价研究[J].林业科学,2004(2):68 - 74.

[116]许文强.森林碳汇价值评价——以黑龙江省三北工程人工林为例[D].昆明:西南林学院,2006.

[117]郗婷婷,李顺龙.黑龙江省森林碳汇潜力分析[J].林业经济问题,2006,26(6):519 - 526.

[118]陈先刚,张一平,詹卉.云南退耕还林工程林木生物质碳汇潜力[J].林业科学,2008,44(5):24 - 30.

[119]陈继红,宋维明.中国 CDM 林业碳汇项目的评价指标体系[J].东北林业大学学报,2006,34(1):87 - 88.

[120]罗勇.广东省造林再造林碳汇项目发展潜力的评价指标初探[J].广东林业科技,2010,26(1):33 - 36.

[121]严员英,王华,许军,等.江西省造林再造林碳汇项目发展潜力的评价指标探讨[J].江西林业科技,2010(5):46 - 48.

[122]李友华,吕晶,续珊珊.低碳经济发展评价指标体系初探[J].哈尔滨商业大学学报(社会科学版),2010(6):8 - 12.

[123]赵国杰,郝文升.低碳生态城市:三维目标综合评价方法研究[J].城市发展研究,2011,18(6):31 - 36.

[124]李秀娟.吉林省国有林区经济社会环境系统协调发展评价研究[D].北京:北京林业大学,2008.

[125]杜栋,庞庆华.现代综合评价方法与案例精选[M].北京:清华大学出版社,2005.

［126］谷绍全.庄河市城市发展规划战略环境评价指标体系研究［D］.大连：辽宁师范大学，2005.

［127］黄良文，陈仁恩.统计学原理［M］.北京：中央广播电视大学出版社，1996.

［128］苏为华.多指标综合评价理论与方法问题研究［D］.厦门：厦门大学，2000.

［129］Sengupta J K. Dynamic Data Envelopment Analysis［J］. International Journal of Systems Science, 1996, 27(3): 277 − 284.

［130］Sengupta J K. Data Envelopment Analysis for Efficiency Measurement in the Stochastic Case［J］. Computers and Operations Research, 1987, 14 (2): 117 − 129.

［131］魏权龄.数据包络分析［M］.北京：科学出版社，2004.

［132］曾兆庚，颜泽贤.基于 DEA 的高速公路建设对社会经济发展的时间效应研究［J］.商场现代化，2007(33)：199 − 200.

［133］李蕾.湖南省医院绩效的资料包络法(DEA)研究［D］.长沙：中南大学，2007.

［134］魏权龄.评价相对有效性的 DEA 方法——运筹学的新领域［M］.北京：中国人民大学出版社，1988.

［135］王亚东，安立仁.中国 31 个省市房地产业经营效率——基于 DEA 的实证研究［J］.西安石油大学学报(社会科学版)，2009(2)：34 − 43.

［136］魏权龄，卢刚.DEA 方法与模型的应用——数据包络分析(三)［J］.系统工程理论与实践，1989(3)：67 − 75.

［137］杨斌.2000—2006 年中国区域生态效率研究——基于 DEA 方法的实证分析［J］.经济地理，2009，29(7)：1197 − 1202.

［138］汪旭晖，徐健.基于超效率 CCR − DEA 模型的我国物流上市公司效率评价［J］.财贸研究，2009(6)：117 − 124.

［139］楼文高，冯国珍，杨雪梅.长三角地区批发零售企业经营绩效的超效率 DEA 研究［J］.广东商学院学报，2010(6)：53 − 58.

［140］马占新．数据包络分析方法的研究进展［J］．系统工程与电子技术，2002,24(3):42-46.

［141］李晓宁．公路运输与区域经济梯度发展的协调性研究——以经济发展水平不同的江苏、陕西为例［D］．北京：北京交通大学,2010.

［142］项锦雯,陈利根．产业转移与土地集约利用耦合机理及协调发展研究——以皖江示范区为例［J］．农业经济问题,2012(6):61-65.

［143］曹利军．可持续发展评价理论与方法［M］．北京：科学出版社,1999.

［144］殷兴军．晋冀鲁豫接壤区"经济—环境"系统协调状态研究［J］．辽宁城乡环境科技,1997,17(6):26-31.

［145］赵鸣浩．基于协调度模型的经济快速发展区城镇土地集约利用评价［J］．安徽农业科学,2011,39(33):20694-20698.

［146］胡伟,陈松林,吴培中．土地利用与生态环境协调发展综合指标与实证分析——以福州市为例［J］．亚热带水土保持,2012,24(1):20-25.

［147］杜栋,庞庆华．现代综合评价方法与案例精选［M］．北京：清华大学出版社,2005.

［148］尹子民,罗丽兮．灰色模型 $GM(1,n)$ 的变量选择及拟合度分析［J］．系统工程理论与实践,1999(11):81-83.

［149］马阿滨．黑龙江森工林区可持续发展综合评价指标体系研究［D］．北京：北京林业大学,2006.

［150］国家林业局驻黑龙江省森林资源监督专员办事处．黑龙江省各项森林资源监督检查流程图［EB］.2010.

［151］王毅昌．黑龙江森工林区发展问题研究［D］．哈尔滨：东北林业大学,2008.

［152］郑天汉．再论林业经济市场体系构建问题［J］．福建林业科技,2006,33(3):233-236.

［153］秦宝霞．对我国林业市场体系的调查及其市场机制的构建［J］．民营科技,2009(7):97.

附　　录

附表 1　林业应对气候变化政策机制综合评价指标及原始

统计数据表（黑龙江省国有重点林区）

指　标	2003	2004	2005	2006	2007	2008	2009	2010
造林投资 （万元）	500.00	740.00	0.00	0.00	0.00	0.00	0.00	0.00
迹地更新 投资（万元）	0.00	374.00	0.00	0.00	0.00	0.00	0.00	0.00
低产林改造投 投资（万元）	0.00	0.00	0.00	0.00	0.00	380.00	0.00	0.00
造林投资 小计（万元）	500.00	1114.00	0.00	0.00	0.00	380.00	0.00	0.00
中、幼龄林 抚育投资（万元）	0.00	0.00	70.00	100.00	225.00	150.00	675.00	37380.00
种苗工程 投资（万元）	740.00	419.00	430.00	598.00	340.00	414.00	725.00	472.00
退耕还林工程 种苗费（万元）	500.00	750.00	0.00	0.00	0.00	0.00	0.00	0.00
种苗投资 小计（万元）	1240.00	1169.00	430.00	598.00	340.00	414.00	725.00	472.00
森林公安 投资（万元）	5692.00	13336.00	13189.00	13712.00	13428.00	12883.00	13406.00	13334.00

续表

指　标	2003	2004	2005	2006	2007	2008	2009	2010
森林管护 投资(万元)	21054.00	21037.00	21585.00	21723.00	21614.00	21625.00	21595.00	21056.00
封山育林 投资(万元)	0.00	0.00	0.00	0.00	0.00	0.00	0.00	0.00
社会保险(养 老等五险) 投资(万元)	—	—	—	—	—	—	53261.00	60788.00
政社性支出 投资(万元)	—	—	—	—	—	—	48096.00	59121.00
天保工程区当 年离退休人 员生活费(万元)	—	—	134388.00	164299.00	199047.00	246234.00	325569.00	374327.00
天保工程当 年一次性安 置费(万元)	—	—	0.00	0.00	89995.00	30855.00	6969.00	0.00
天保工程民生 投入(万元)	74566.00	104477.00	134388.00	164299.00	289042.00	277089.00	433895.00	494236.00
野生动植物保 护及自然保护 区投资(万元)	1251.00	0.00	12.00	731.00	387.00	1,020.00	0.00	0.00
林业专项 补助(万元)	945.00	759.00	1252.00	1860.00	1658.00	1828.00	2000.00	36860.00
森工固定资产 投资(万元)	16206.00	17585.00	16803.00	67071.00	94665.00	136865.00	337774.00	610396.00
森林防火 投资(万元)	5848.00	812.00	2920.00	2148.00	1552.00	1624.00	3967.00	8251.00
森林病虫鼠害 防治投资(万元)	14.00	257.00	201.00	237.00	483.00	0.00	973.00	550.00

续表

指　标	2003	2004	2005	2006	2007	2008	2009	2010
营林固定资产投资(万元)	138007.00	122813.00	127267.00	127953.00	272480.00	193610.00	184056.00	196125.00
多种经营用地年末实有(公顷)	2337.14	194570.59	223344.27	275178.07	273160.67	274741.53	312512.80	323649.27
多种经营用地年末实有(亩)	35057.07	2918558.80	3350164.00	4127671.00	4097410.00	4121123.00	4687692.00	4854739.00
发展多种经营生产资金中国家投资额(万元)	0.00	0.00	0.00	530.00	2082.00	3467.00	1030.00	570.00
发展多种经营生产资金中企业投资额(万元)	6933.00	1694.10	2792.00	2648.00	5728.00	4456.00	670.00	1534.00
发展多种经营生产资金中银行贷款额(万元)	5233.00	3703.60	4515.00	10097.00	11235.00	12018.00	13141.00	21837.00
发展多种经营生产资金中联营投资额(万元)	3505.00	1332.00	2462.00	840.00	3600.00	3679.00	68.00	2026.00
发展多种经营生产资金中个人集资额(万元)	13106.00	2995.50	23270.00	29859.00	41049.00	32490.00	31553.00	37197.00
育林基金等林业税费减免额(万元)	0.00	0.00	0.00	0.00	4530.52	12466.41	1512.68	468.996
森林面积(公顷)	8262318.30	8293278.00	8281397.50	8289921.80	8364990.60	8389202.00	8459580.60	8497598.50
森林蓄积(立方米)	582375925.00	605964243.00	629857586.00	648076759.00	676071122.00	698017984.00	720453933.00	741259157.00

续表

指 标	2003	2004	2005	2006	2007	2008	2009	2010
森林覆盖率(%)	81.82	82.13	82.01	82.10	82.84	83.08	83.78	84.15
林地生产率 (立方米/公顷)	70.49	73.07	76.06	78.18	80.82	83.20	85.16	87.23
造林面积(公顷)	33851.00	32688.00	34287.00	23845.00	25761.00	15645.00	14953.00	12130.00
低产低效林 改造面积(公顷)	7577.00	10632.00	9130.00	7558.00	5923.00	6770.00	5472.00	2303.00
造林面积 小计(公顷)	41428.00	43320.00	43417.00	31403.00	31684.00	22415.00	20425.00	14433.00
年末实有 育苗面积(公顷)	1072.00	781.00	992.00	576.00	835.00	463.00	662.00	358.00
幼林抚育实际 面积(公顷)	199725.00	169935.00	154707.00	132156.00	122056.00	143515.00	102605.00	89945.00
幼林抚育作业 面积(公顷次)	268668.00	240746.00	235489.00	211957.00	242353.00	205653.00	152556.00	133876.00
幼林抚育 强度(次)	1.35	1.42	1.52	1.60	1.99	1.43	1.49	1.49
成林抚育 面积(公顷)	120108.00	125342.00	149103.00	141263.00	143443.00	132768.00	144331.00	153788.00
林政案件 查处数(件)	2061.00	540.00	985.00	2054.00	1798.00	3636.00	4183.00	6429.00
林地回收 面积(公顷)	0.00	0.00	128.80	18.80	0.00	0.00	0.00	0.00
发证合格率(%)	100.00	100.00	100.00	100.00	100.00	100.00	100.00	100.00
伐区凭证 采伐率(%)	95.30	97.60	97.80	98.60	93.90	94.67	93.50	93.00

续表

指标	2003	2004	2005	2006	2007	2008	2009	2010
木材凭证运输率(%)	88.00	87.50	88.90	85.00	86.10	84.00	81.00	82.00
伐区作业质量合格率(%)	83.00	83.10	80.00	82.00	80.03	78.10	77.65	78.00
伐区验收率(%)	100.00	100.00	100.00	100.00	100.00	100.00	100.00	100.00
年末实有封山(沙)育林面积(公顷)	751263.00	752909.00	771580.00	771580.00	532438.00	439108.00	424249.00	357266.00
森林管护面积(公顷)	8763853.00	8763853.00	8763853.00	8763853.00	8763453.00	9183374.00	8741495.00	9011355.00
自然保护区面积(公顷)	6791.00	6791.00	1070472.00	1070472.00	1086018.00	1080893.00	1034059.00	1098910.00
森林火灾受灾面积(公顷)	287408.00	69093.00	24308.00	325973.00	787.00	834.50	21876.00	659.00
森林病虫鼠害防治率(%)	68.91	85.00	82.00	86.70	81.63	80.30	79.20	83.00
营林产值(万元)	170988.00	20146.00	19877.00	18981.00	22024.00	23043.00	25036.00	35031.00
木材采运产值(万元)	1980750.00	206724.00	249315.00	293136.00	347540.00	366910.00	338693.00	370475.00
林产工业产值(万元)	3143428.00	362002.00	363451.00	403567.00	100604.00	324504.00	604531.00	668734.00
多种经营产值(万元)	6893929.00	763290.00	827369.00	886283.00	1067959.00	1201055.00	251383.00	1848169.00
旅游业产值(万元)	113106.00	21525.00	32025.00	46190.00	66453.00	85441.00	116539.00	154835.00

续表

指 标	2003	2004	2005	2006	2007	2008	2009	2010
林业产业总产值合计(万元)	13737650.00	1514658.00	1636524.00	1820460.00	2160680.00	2450449.00	2968920.00	3440190.00
营林产值占比(%)	1.24	1.33	1.21	1.04	1.02	0.94	0.84	1.02
多种经营产值占比(%)	50.18	50.39	50.56	48.68	49.43	49.01	8.47	53.72
旅游业产值占比(%)	0.82	1.42	1.96	2.54	3.08	3.49	3.93	4.50
木材采运产值占比(%)	14.42	13.65	15.23	16.10	16.08	14.97	11.41	10.77
林产工业产值占比(%)	22.88	23.90	22.21	22.17	22.38	21.40	20.36	19.44
木材采运业与林产工业产值占比小计	37.30	37.55	37.44	38.27	38.47	36.38	31.77	30.21
原木产量(立方米)	3883801.00	3824832.00	3850832.00	3907928.00	3876515.00	3948017.00	3886095.00	3894450.00
薪材产量(立方米)	114822.00	121572.00	159780.00	119979.00	118680.00	90106.00	80204.00	62635.00
用材林面积(公顷)	2192800.00	2122000.00	2114900.00	2107900.00	2051900.00	2049700.00	2067500.00	2069000.00
经济林面积(公顷)	1800.00	1800.00	1800.00	1600.00	1900.00	1900.00	1500.00	1400.00

数据来源:中国林业统计年鉴(2003—2011);黑龙江省森林工业综合统计资料汇编(2003—2010)

附表 2　原始数据的规范化

指标	2003	2004	2005	2006	2007	2008	2009	2010
造林投资小计	0.45	1.00	0.00	0.00	0.00	0.34	0.00	0.00
中、幼龄林抚育投资	0.00	0.00	0.00	0.00	0.01	0.00	0.02	1.00
种苗投资小计	1.00	0.94	0.35	0.48	0.27	0.33	0.58	0.38
森林公安投资	0.42	0.97	0.96	1.00	0.98	0.94	0.98	0.97
森林管护投资	0.97	0.97	0.99	1.00	0.99	1.00	0.99	0.97
天保工程民生投入小计	0.15	0.21	0.27	0.33	0.58	0.56	0.88	1.00
野生动植物保护及自然保护区投资	1.00	0.00	0.01	0.58	0.31	0.82	0.00	0.00
林业专项补助	0.03	0.02	0.03	0.05	0.04	0.05	0.05	1.00
森工固定资产投资	0.03	0.03	0.03	0.11	0.16	0.22	0.55	1.00
森林防火投资	0.71	0.10	0.35	0.26	0.19	0.20	0.48	1.00
森林病虫鼠害防治投资	0.01	0.26	0.21	0.24	0.50	0.00	1.00	0.57
营林固定资产投资	0.51	0.45	0.47	0.47	1.00	0.71	0.68	0.72
多种经营用地年末实有	0.01	0.60	0.69	0.85	0.84	0.85	0.97	1.00
发展多种经营生产资金中国家投资额	0.00	0.00	0.00	0.15	0.60	1.00	0.30	0.16
发展多种经营生产资金中企业投资额	1.00	0.24	0.40	0.38	0.83	0.64	0.10	0.22

续表

指标	2003	2004	2005	2006	2007	2008	2009	2010
发展多种经营生产资金中银行贷款额	0.24	0.17	0.21	0.46	0.51	0.55	0.60	1.00
发展多种经营生产资金中联营投资额	0.95	0.36	0.67	0.23	0.98	1.00	0.02	0.55
发展多种经营生产资金中个人集资额	0.32	0.07	0.57	0.73	1.00	0.79	0.77	0.91
育林基金等林业税费减免额	0.00	0.00	0.00	0.00	0.36	1.00	0.12	0.04
森林覆盖率	0.97	0.98	0.97	0.98	0.98	0.99	1.00	1.00
林地生产率	0.81	0.84	0.87	0.90	0.93	0.95	0.98	1.00
造林面积小计	0.95	1.00	1.00	0.72	0.73	0.52	0.47	0.33
年末实有育苗面积	1.00	0.73	0.93	0.54	0.78	0.43	0.62	0.33
幼林抚育实际面积	1.00	0.85	0.77	0.66	0.61	0.72	0.51	0.45
幼林抚育作业面积	1.00	0.90	0.88	0.79	0.90	0.77	0.57	0.50
成林抚育面积	0.78	0.82	0.97	0.92	0.93	0.86	0.94	1.00
森林覆盖率	0.97	0.98	0.97	0.98	0.98	0.99	1.00	1.00
林地生产率	0.81	0.84	0.87	0.90	0.93	0.95	0.98	1.00

续表

指标	2003	2004	2005	2006	2007	2008	2009	2010
林政案件查处数	0.32	0.08	0.15	0.32	0.28	0.57	0.65	1.00
伐区凭证采伐率	0.97	0.99	0.99	1.00	0.95	0.96	0.95	0.94
木材凭证运输率	0.99	0.98	1.00	0.96	0.97	0.94	0.91	0.92
伐区作业质量合格率	1.00	1.00	0.96	0.99	0.96	0.94	0.93	0.94
森林管护面积	0.95	0.95	0.95	0.95	0.95	1.00	0.95	0.98
自然保护区面积	0.01	0.01	0.97	0.97	0.99	0.98	0.94	1.00
森林火灾未受灾率	0.97	0.99	1.00	0.96	1.00	1.00	1.00	1.00
森林病虫鼠害防治率	0.79	0.98	0.95	1.00	0.94	0.93	0.91	0.96
营林产值占比	0.94	1.00	0.91	0.78	0.77	0.71	0.63	0.77
多种经营产值占比	0.93	0.94	0.94	0.91	0.92	0.91	0.16	1
旅游业产值占比	0.18	0.32	0.42	0.59	0.68	0.77	0.87	1.00
木材采运业和林产工业产值占比小计	0.97	0.98	0.97	0.99	1.00	0.95	0.83	0.79
原木产量	0.98	0.97	0.98	0.99	0.98	1.00	0.98	0.99
薪材产量	0.72	0.76	1.00	0.75	0.74	0.56	0.50	0.39

附表3 CCR – DEA 模型运算结果——黑龙江省国有重点林区

林业应对气候变化政策机制复合系统

$s^*(\lambda)$							
DMU_1	1.094	0	0	0	0	0	0	0
DMU_2	0	1.018	0	0	0	0	0	0
DMU_3	0	0	1.076	0	0	0	0	0
DMU_4	0	0	0	1.076	0	0	0	0
DMU_5	0	0	0	0	1.076	0	0	0
DMU_6	0	0	0	0	0	1.094	0	0
DMU_7	0	0	0	0	0	0	1.076	0
DMU_8	0	0	0	0	0	0	0	1.094

s^{*-}	DMU_1	DMU_2	DMU_3	DMU_4	DMU_5	DMU_6	DMU_7	DMU_8
X_1	0	0	0	0	0	0	0	0
X_2	0	0	0	0	0	0	0	0
X_3	0	0	0	0	0	0	0	0
X_4	0	0	0	0	0	0	0	0
X_5	0	0	0	0	0	0	0	0
X_6	0	0	0	0	0	0	0	0
X_7	0	0	0	0	0	0	0	0
X_8	0	0	0	0	0	0	0	0
X_9	0	0	0	0	0	0	0	0
X_{10}	0	0	0	0	0	0	0	0
X_{11}	0	0	0	0	0	0	0	0
X_{12}	0	0	0	0	0	0	0	0
X_{13}	0	0	0	0	0	0	0	0
X_{14}	0	0	0	0	0	0	0	0
X_{15}	0	0	0	0	0	0	0	0
X_{16}	0	0	0	0	0	0	0	0
X_{17}	0	0	0	0	0	0	0	0
X_{18}	0	0	0	0	0	0	0	0
X_{19}	0	0	0	0	0	0	0	0

续表

s^{*+}	DMU_1	DMU_2	DMU_3	DMU_4	DMU_5	DMU_6	DMU_7	DMU_8
Y_1	0	0	0	0	0	0	0	0
Y_2	0	0	0	0	0	0	0	0
Y_3	0	0	0	0	0	0	0	0
Y_4	0	0	0	0	0	0	0	0
Y_5	0	0	0	0	0	0	0	0
Y_6	0	0	0	0	0	0	0	0
Y_7	0	0	0	0	0	0	0	0
Y_8	0	0	0	0	0	0	0	0
Y_9	0	0	0	0	0	0	0	0
Y_{10}	0	0	0	0	0	0	0	0
Y_{11}	0	0	0	0	0	0	0	0
Y_{12}	0	0	0	0	0	0	0	0
Y_{13}	0	0	0	0	0	0	0	0
Y_{14}	0	0	0	0	0	0	0	0
Y_{15}	0	0	0	0	0	0	0	0
Y_{16}	0	0	0	0	0	0	0	0
Y_{17}	0	0	0	0	0	0	0	0
Y_{18}	0	0	0	0	0	0	0	0
Y_{19}	0	0	0	0	0	0	0	0
Y_{20}	0	0	0	0	0	0	0	0
Y_{21}	0	0	0	0	0	0	0	0

DMU_i	相对效率	名次	DEA 有效性	备注
DMU_1	1	1	DEA 有效	
DMU_2	1	1	DEA 有效	
DMU_3	1	1	DEA 有效	
DMU_4	1	1	DEA 有效	
DMU_5	1	1	DEA 有效	
DMU_6	1	1	DEA 有效	
DMU_7	1	1	DEA 有效	
DMU_8	1	1	DEA 有效	

附表 4　CCR – DEA 模型运算结果——黑龙江省国有重点林区

林业应对气候变化政策机制复合系统之碳增汇子系统

$s^*(\lambda)$								
DMU_1	0	0	1.4662	0	0	0	0	0
DMU_2	0	0	1.201	0	0	0	0	0
DMU_3	0	0	1.045	0	0	0	0	0
DMU_4	0	0	1.0355	0	0	0	0	0
DMU_5	0	0	0	0	1.045	0	0	0
DMU_6	0	0	0	0	0	1.013	0	0
DMU_7	0	0	0	0	1.1143	0	0	0
DMU_8	0	0	0	0	0	0	0	1.04

s^{*-}	DMU_1	DMU_2	DMU_3	DMU_4	DMU_5	DMU_6	DMU_7	DMU_8
X_1	0.1863	0.4649	0	0	0	0	0	0
X_2	0	0	0	0	0	0	0.0008	0
X_3	0	0	0	0	0	0	0	0

s^{*+}	DMU_1	DMU_2	DMU_3	DMU_4	DMU_5	DMU_6	DMU_7	DMU_8
Y_1	0.3652	0.154	0	0.0101	0	0	0	0
Y_2	0.4273	0.3001	0	0	0	0	0.0741	0
Y_3	0.6839	0.3355	0	0.4068	0	0	0.3236	0
Y_4	0.2107	0.3678	0	0.2918	0	0	0.3637	0
Y_5	0	0	0	0.0663	0	0	0.1503	0
Y_6	0.3814	0.3522	0	0.0208	0	0	0.428	0
Y_7	0.6648	0.3068	0	0.0201	0	0	0.2006	0

DMU_i	相对效率	名次	DEA 有效性	备注
DMU_1	0.4159	8	非弱 DEA 有效	有投入可减少、产出可增加的改进潜力

续表

DMU_i	相对效率	名次	DEA 有效性	备注
DMU_2	0.4645	7	非弱 DEA 有效	有投入可减少、产出可增加的改进潜力
DMU_3	1	1	DEA 有效	
DMU_4	0.6221	5	非弱 DEA 有效	投入不改变的情形下,可增加部分产出
DMU_5	1	1	DEA 有效	
DMU_6	1	1	DEA 有效	
DMU_7	0.6213	6	非弱 DEA 有效	有投入可减、产出可增加的改进潜力
DMU_8	1	1	DEA 有效	

附表 5 CCR – DEA 模型运算结果——黑龙江省国有重点林区
林业应对气候变化政策机制复合系统之碳贮存子系统

$s^*(\lambda)$								
DMU_1	1.071	0	0	0	0	0	0	0
DMU_2	0	1.057	0	0	0	0	0	0
DMU_3	0	0	1.05	0	0	0	0	0
DMU_4	0	0	0	1.014	0	0	0	0
DMU_5	0	0	0	0	1.071	0	0	0
DMU_6	0	0	0	0	0	1.071	0	0
DMU_7	0	0	0	0	0	0	1.098	0
DMU_8	0	0	0	0	0	0	0	1.05

s^{-*}	DMU_1	DMU_2	DMU_3	DMU_4	DMU_5	DMU_6	DMU_7	DMU_8
X_1	0	0	0	0	0	0	0	0
X_2	0	0	0	0	0	0	0	0
X_3	0	0	0	0	0	0	0	0
X_4	0	0	0	0	0	0	0	0
X_5	0	0	0	0	0	0	0	0
X_6	0	0	0	0	0	0	0	0
X_7	0	0	0	0	0	0	0	0
X_8	0	0	0	0	0	0	0	0

续表

s^{*+}	DMU_1	DMU_2	DMU_3	DMU_4	DMU_5	DMU_6	DMU_7	DMU_8
Y_1	0	0	0	0	0	0	0	0
Y_2	0	0	0	0	0	0	0	0
Y_3	0	0	0	0	0	0	0	0
Y_4	0	0	0	0	0	0	0	0
Y_5	0	0	0	0	0	0	0	0
Y_6	0	0	0	0	0	0	0	0
Y_7	0	0	0	0	0	0	0	0
Y_8	0.0107	0.0107	0	0	0	0	0	0
Y_9	0	0	0	0	0	0	0	0
Y_{10}	0	0	0	0	0	0	0	0

DMU_i	相对效率	名次	DEA 有效性	备注
DMU_1	0.01	8	非弱 DEA 有效	有投入可减少、产出可增加的改进潜力
DMU_2	0.0108	7	非弱 DEA 有效	有投入可减少、产出可增加的改进潜力
DMU_3	1	1	DEA 有效	
DMU_4	1	1	DEA 有效	
DMU_5	1	1	DEA 有效	
DMU_6	1	1	DEA 有效	
DMU_7	1	1	DEA 有效	
DMU_8	1	1	DEA 有效	

附表6　CCR - DEA 模型运算结果——黑龙江省国有重点林区

林业应对气候变化政策机制复合系统之碳替代子系统

$s^*(\lambda)$								
DMU_1	1.089	0	0	0	0	0	0	0
DMU_2	0	1.082	0	0	0	0	0	0
DMU_3	0	0	1.089	0	0	0	0	0
DMU_4	0	0	0	1.037	0	0	0	0
DMU_5	0.1163	0	0.3879	0	0	0.5865	0	0.0949
DMU_6	0	0	0	0	0	1.067	0	0
DMU_7	0	0	0	0	0	0	1.011	0
DMU_8	0	0	0	0	0	0	0	1.011

s^{*-}	DMU_1	DMU_2	DMU_3	DMU_4	DMU_5	DMU_6	DMU_7	DMU_8
X_1	0	0	0	0	0.2626	0	0	0
X_2	0	0	0	0	0	0	0	0
X_3	0	0	0	0	0	0	0	0
X_4	0	0	0	0	0.1786	0	0	0
X_5	0	0	0	0	0	0	0	0
X_6	0	0	0	0	0	0	0	0
X_7	0	0	0	0	0.0694	0	0	0
X_8	0	0	0	0	0	0	0	0

s^{*+}	DMU_1	DMU_2	DMU_3	DMU_4	DMU_5	DMU_6	DMU_7	DMU_8
Y_1	0	0	0	0	0.1653	0	0	0
Y_2	0	0	0	0	0.1414	0	0	0
Y_3	0	0	0	0	0	0	0	0
Y_4	0	0	0	0	0.0596	0	0	0
Y_5	0	0	0	0	0.0831	0	0	0
Y_6	0	0	0	0	0.0808	0	0	0

续表

DMU_i	相对效率	名次	DEA 有效性	备注
DMU_1	1	1	DEA 有效	
DMU_2	1	1	DEA 有效	
DMU_3	1	1	DEA 有效	
DMU_4	1	1	DEA 有效	
DMU_5	0.984	8	非弱 DEA 有效	有投入可减少、产出可增加的改进潜力
DMU_6	1	1	DEA 有效	
DMU_7	1	1	DEA 有效	
DMU_8	1	1	DEA 有效	

后 记

本书是在我的博士论文基础上修订完成的。当我终于完成了最后一页书稿的修订时，不禁由衷地感到一种轻松和喜悦，轻松是由于夙愿终于得偿，喜悦是因为可以把自己的一点研究心得和成果与读者共飨！

回首六年的漫漫求学之路，我要衷心感谢导师许俊杰教授和东北林业大学经济管理学院曹玉昆教授、万志芳教授、耿玉德教授、吕洁华教授、李英教授、陈红教授、黄清教授对本人的精心指导。他们的言传身教将使我终身受益！在调研期间，承蒙国家林业局气候办李达老师、国家林业局驻黑龙江省森林资源监督专员办事处梁兆明老师、黑龙江省森工总局资源局李志海老师和徐兴久老师、黑龙江省森工总局天保办刘长胜老师、黑龙江省森工总局政研室王毅昌老师的热心指导与帮助，不胜感激！

感谢黑龙江省教育厅人文社会科学研究项目"林业应对气候变化政策机制综合评价研究——以黑龙江省国有重点林区为例"（项目编号12542194）和"2015 年度黑龙江省社会科学学术著作出版资助项目"（项目编号 201523 - B）对本书的资助！感谢黑龙江大学出版社的编辑们！

最后，我要衷心感谢我的父亲、母亲给予我的关爱、理解、陪伴和倾心支持！

齐 闯

2015 年 10 月 30 日